卡巴拉，科学及生命的意义

Kabbalah, Science and the Meaning of Life

迈克尔·莱特曼博士/著　周友恒/译

Copyrights 2023
Laitman Kabbalah Publishers
www.kabbalah.info
ISBN: 978-1-77228-118-7

译者序言—人生的GPS

> Open your heart to me slightly, and I will open the world to you.
> ——The Book of Zohar
>
> 将你的心向我敞开一点点,我将为你敞开整个世界
> ——《光辉之书》

我为什么不幸福?

人生为什么这么痛苦?

为什么我永远得不到满足?

生命的意义到底是什么?

为什么发生这么多的自然灾害?

为什么到处都是危机?

人类的未来在哪里?

你问过或正在问这些苦涩的问题吗?你对解答这些苦涩的问题有兴趣吗?

在我儿子中学物理课本上,有一段描写中国境内一个著名的被称作"死亡之海"的沙漠的精彩故事。"许多穿越塔克拉玛干沙漠的勇士常常迷路,而且不管这些勇士多么勇敢,多么聪明,没有一个人靠自己的力量成功地穿越这个沙漠,他们都因迷路而丧生其中。他们之所以失败而无法穿越这个沙漠,是因为在沙漠中弄不清三个基本问题:

1．我在哪里？
2．我要去的地方在哪里？
3．如何去到哪里？

搞不清楚这三个问题，结果就是死亡，死亡就是结局或终点。"

让我们来分析一下以上三个问题，看看三个问题的相对重要性和它们之间的关系；当然，以上三个问题任何一个不清楚的话，都会导致走不出沙漠。但仔细分析一下，那些勇士之所以失败，根本原因是因为在沙漠中迷失了方向，那么，是什么在决定方向呢？是第二个问题，你要去到哪里？只有清楚地知道目的地在哪里，而且在探险的全过程都以目的地作为你行动的方向指引，你才能成功。否则，在任何时候，迷失了目标就迷失了方向，结果只会是死亡；而且，当我们弄清楚了第二个问题，第一个问题也就马上清楚了，第一个问题是相对于第二个问题而变得清楚的，因为第一个问题就是你现在的位置加上下一步行动(第三个问题)的方向。所以，所有的关键都在第二个问题，也就是目的地是否清楚的问题，也就是决定你行动的方向的问题。

如果将我们的人生比喻为在一个沙漠中探险的经历的话，那么，导致人类在历史上以及在今天面对的危机和灾难重重的原因，恰恰就是因为没有解决好第二个问题，我们要去的目的地在哪里？也就是没有弄清楚有关生命意义和生命存在的目的这个问题。

人类真正面临的威胁，或者人类目前深陷的险境，实际上不是来自于没有目标，而是来自于对各种自以为真实却不真实的错误的目标的追寻，也就是我们将要去的目的地设定错了。

实际上，人类面临的最大的敌人是无知；而最大的无知是不知道自己不知道什么，反而自以为自己已经知道。在此我想借用，美国前总统约翰肯尼迪的一段精彩语录更清楚地对此加以表达，他说："真相最大的敌人不是恶意谋划，也不是不诚实的谎言，而是那些人们一直相信，看似正确却不真实的神话。"正是这些神话给了我们假的目标。使我们深陷其中而不自知。

实际上，正是这种更可怕的以为自己知道的无知或假知，把我们引领到了目前所处的全面危机和毁灭的绝境。那么，到底是什么导致了这种无知呢？我们怎么才能检验呢？

当然，人类从来没有停止过对生命意义的探讨；人类的历史实际上就是在有意识或无意识地对生命意义的问题的探索的历史。这些探索和思考的结果，导致了各类宗教、哲学、科学以及各种思想的产生，并由此指引着人类尝试了或正在尝试各种主义和社会制度。应该说，人类每一次变革，都是怀着各种美好的憧憬和梦想，进行着各种各样的尝试；但是由于我们始终没有能真正解答生命意义和生命存在的目的这个问题，我们的那些美好梦想都没有真正实现，人类在物质上的成功，带来的是越来越大的心理危机和精神困惑。

回到将我们的人生比作在沙漠中探险的那个比喻，如果和想穿越沙漠的那些勇士相比，人类在整体上，其实还没有达到沙漠中那些勇士所处的阶段，至少那些勇士们已经真真切切地知道他们正身处在一个危险的死亡沙漠中，而且，也知道在沙漠之外，一定有生命的绿洲在等待着他们；他们知道如果不想办法冲出去的话，死亡是必然的结局；所以，虽然他们由于缺乏方向几乎没有人能成功走出沙漠，但他们至少知道要千方百计冲出沙漠去寻找那位于沙漠边界之外的绿洲。而我们人类却要么由于根本不去思考生命意义；要么因为曾经思考过，但思考不清楚而干脆将之放置一边；要么是更可怕的一种情况，也就是在自认为已经找到了终极目标，并且以它作为指引，但可惜目标是错的，是想象出来的神话；但不管哪种情况，人类的绝大多数从来没有挑战过死亡，更是连做梦都不敢想象在死亡的边界之外有着一个生命的绿洲，我们都是自然地以死亡作为人生的终点，心安理得地死在了人生的沙漠当中。这一切都导致人类对生命和死亡的认知，基本上是认为生命没有什么意义，死亡就是人生的必然的不容置疑的边界，至少是在这个世界上是如此；即使是那些认为生命有意义的人们，也只是相信"来生"，在另外一个世界的另一种虚无的遥不可及的存在，与我们在这个世界的生与死之间的存在无关。这正是这个世界所有人曾经或现在绝大多数人所处的一种认知状态。

那么，如何判定我们的认知是否正确呢？很简单，历史上出现过以及现在面临的各种危机，恰恰就是在说明我们正沿着错误的道路在前进。因而，危机和灾难的出现绝不是偶然的，它具有双重意义：一方面，它在警告我们走错方向了；另一方面，它使我们痛苦，而痛苦才会引发我们思考。这一切正是我们人类目前面临的危机正在发生和将要更剧烈地爆发的原因。危机和灾难正在警示人类，我们走错路了，该停下来反思一下了。但阻止我们去认识这些的不是别人，正是我们人类自己，是奴役着我们的利己主义。我们人类就像是温水中的青蛙，尽管死亡正在迫近，我们却不自知，甚至拒绝反思。因为我们的自我总是不让我们承认是我们自己的利己主义设定的这些错误目标、将我们引领到了这种危机的地步。

我们曾经相信上帝或者说神圣的力量，但上帝好像从来没有回应过我们"真诚"的祈祷，世界没有变得更好；我们也曾经不再相信上帝，开始崇尚科学和理性，科学技术突飞猛进，物质文明发展日新月异，但世界也没有因此变得更好，并没有带给人类所向往的美好生活。自文艺复兴到工业革命再到21世纪的今天，不可否认，人类在各方面都取得了惊人的成就，科学和经济都发展到了空前的高度；但是，人类在这个世界追求的所有崇高的目标都没有真正实现，所追寻的真正的幸福生活也始终没有追寻到，而且好像离我们越来越远，不仅如此，全面的危机和毁灭却好像离我们越来越近。

人类大部分人已经丧失了对生命意义和生命存在的目的这个问题探寻的兴趣，或者已经忘记或者过于忙着追求各种"成功"而无暇过问这个最重要的问题，或者根本不知道要问或者从来没有问过这个问题。绝大部分人已经认命，因为问也没有用？这个问题太苦涩，没有人能够回答清楚，管他呢，活在当下，活好今生每一天，今朝有酒今朝醉，天塌下来有大个子顶着，等等观念，已成了绝大部分人的人生座右铭。这一切都直接导致了追求这个世界物质上的成功，自然成为了绝大多数人的唯一的人生目标，那些我们熟悉的狂热的物质主义，拜金主义，功利主义，以及对自然的毁灭性掠夺都由此产生。所以，不搞清楚或者忽略方向问题，危机不发生反而会不正常。

尽管我们可以将脑袋埋在沙子里，以为这样就可以回避那个苦涩的问题。但是，就是存在着某种力量，它就是不让我们有片刻的安宁。它在根据我们向错误方向发展的程度，相应地惩罚着人类。它在用各种各样的，在我们看来越来越大的危机，越来越频繁的灾难，不停地敲打着人类，影响着我们生活的方方面面，使我们无论如何都无法平静下来。直到我们开始绝望而不得不停下来反思，去寻找，去探寻新的道路，这就是正在发生着的情况。而这一切的发生就是要告诉我们正走在一条通向死亡的道路上，直到我们觉醒去寻找那个力量希望我们走的道路，到达他创造我们的目的地。这正是所有危机和灾难发生的真正的原因。这就是危机和灾难的积极意义，它就是要让我们从沉睡当中觉醒过来，告诉我们正处在一个死亡的沙漠中，叫我们赶快冲破死亡的边界去寻找生命的绿洲。它在试图告诉我们，生命有着超出我们想象的意义，这个宏伟的宇宙背后存在着一个伟大的创造的思想，而我们人类就是这一切创造的中心。

人类现在正处在一个十分尴尬的境地，我们就好像处在一座四周都是悬崖峭壁的山尖上，往前走，无路；往后走，无路；往左走，无路；往右走，无路；上不去，也下不去，身处绝境，路在何方？

再回到刚才那个沙漠的故事，虽然，所有的勇士都没能走出那个沙漠，但在20世纪末的时候，一个德国妇女却成功地走出了那个几千年来都是以死亡为终点的沙漠，你知道，为什么她可以吗？你猜对了！因为在那时，人类已经发明了全球定位系统(GPS)，所以，人们可以借助GPS成功地走出沙漠。因为GPS可以很简单地解决以上导致人们死亡的三个问题，目标和方向问题。

人们可以借助GPS很轻松地走出死亡的沙漠，那么，能够指引我们走出人生这个死亡沙漠的GPS存在吗？如果存在，那么，这个GPS是什么呢？

答案是肯定的。这个GPS不仅存在，而且，她一直在耐心并急切地等待着人类，直到人类需要的那一天的到来，而且为此隐藏了几千年。它不仅能够回答你有关生命意义和创造目的的问题，它更可以将你引领到一个，你曾经连做梦，都梦想不到的地方，一个超越死亡边界的存在，而且就在今生今世！但是，这一切有一个条件，就是你必须觉醒至自己渴望去得到它，而且你必须自己做出你人生之中这个你唯一拥有的自由选择。

这个人生的GPS就是卡巴拉科学，莱特曼博士的这本著作将引领我们开始了解并找到这个GPS。卡巴拉科学将引领我们穿越那个量子物理学家们看到但却不能穿越的边界。

想知道这个GPS是什么吗？我想当你拿起这本著作，读到这里的时候，你正在接近一个宝藏，那个能帮助你走出人生这个死亡沙漠，进入生命绿洲的GPS，就握在你的手中。但是，很可能你会错过这个机会，因为你出生时就遗传下来的天性以及你在后天所接受过的所有教育包括社会环境对你的影响，已经使你形成了一种"正确"的人生观念，使你从天性上对新的观念排斥或拒绝。所以，在此我能表达的最衷心的祝愿和忠告就是：

1. 在任何情况下，请你务必敞开你的心扉，就像卡巴拉的巅峰著作《光辉之书》所说："将你的心向我敞开一点点，我将为你敞开整个世界"。不要拒绝它，更不要用任何你认为"正确"的知识或信仰，包括所有从宗教、哲学、科学中接受到的所谓"正确"的观念，给卡巴拉贴上伪科学或者某种错误的标签把这个智慧扼杀，错失这个人生唯一的GPS。因为你的第一反应一定是：不可能！不对！我不相信等等。

2. 开始读不懂没关系，因为世界上古往今来，几乎没有一个人能够马上读懂它，了解它，因为它是一个智慧的海洋，一个隐藏在几千扇门后的，并且隐藏了几千年的智慧，需要你发自内心最深处的渴望才能窥探到它的真容；而且，这个智慧不同于其它任何知识体系，不是靠你的头脑去读，而是靠你的心去感悟的；如果你在探寻过程中，感觉到了哪怕只是一丁点儿的光亮。请您坚持下去，你一定会找到你生命中最宝贵的东西。因为它就是你人生的GPS，是黑暗中的指路明灯。通过它你可以知道你是谁？你要去到哪里？如何到达，并解答你所有前面提到的那些问题，因为它就是有关你自己的科学，有关生命意义和生命存在的目的的科学。

在此，我们要衷心感谢历代伟大的卡巴拉学家们；感谢我的老师，当代伟大的卡巴拉学家，科学家迈克尔莱特曼博士，是他将这一已存在五千多年的古老而又崭新的，属于全人类的卡巴拉智慧，从几千年的隐藏状态，在我们需要它的时候揭示给全人类。卡巴拉在我人生最艰难，生命最黑暗的时候，成为了我人生的GPS，照亮了我人生前进的道路，帮助我走出了我人生最黑暗的那一段，拯救了我的生命，家庭和事业。我想卡巴拉也同样可为你的人生指引道路。

感谢Bnei Baruch国际卡巴拉研究中心和全世界各地的学员们，是他们无私的奉献精神和强烈的渴望激励了我，使这个唯一能够拯救全人类，将我们从危机带向永恒和完美的智慧能够来到中国这一饱受磨难的伟大的热土；使这一属于全人类的智慧财富也能够为勤劳智慧的中国人民所分享，祝愿这一伟大的智慧能够在生机勃勃的中华大地上开花结果。

特别感谢Uri Laitman先生对卡巴拉智慧著作在中国出版上的大力支持和不懈努力。感谢Yair Oren先生，Asta Rafaeli女士，张为民女士，李思伟先生；感谢Leonid Makaron博士，Alec Shapiro先生等在将这一智慧传播至中国所做出的不懈努力；感谢我的太太潘越利和我的儿子周君毅对我在学习和翻译卡巴拉智慧著作上的大力支持和付出的爱和关怀；也感谢我的公司的全体同仁的辛勤工作，使我能够有时间和精力从事卡巴拉科学的学习研究，翻译和出版工作。

感谢驰誉国际广告(北京)有限公司的丁涛先生，王妍女士和其他美编人员在本书的编辑排版工作中提供的大力协助，特别感谢天津社会科学院出版社的赵荣女士和加拿大的张为民女士，Kelly Chiu女士在本书翻译和出版，校审稿件和内容翻译上提供的大力协助。

Bnei Baruch卡巴拉国际中心学生　周友恒

前 言

人性的本质就是其不断发展的追求快乐的愿望。为了满足这个追求快乐的愿望，我们感到我们在被驱使着去发现、创造并改进我们的现实。这个追逐快乐的愿望的不断加强，一直是在人类整个进化历史中推动着人类向前发展的那个背后的力量。

这个追求快乐的愿望经历了几个阶段的演变发展。开始的阶段，它体现为对身体的生存的需要，例如食物、再繁殖和家庭；在第2阶段，体现为追求财富的愿望；而到了第3阶段，则体现为对荣誉、权力和名望的渴求。这个追求快乐的愿望在这三个阶段的发展，导致了人类社会的巨大变化—使得人类社会演变成为一个多元化、多阶层的社会。

这个追求快乐的愿望发展的第4个阶段则体现为我们对学习、知识和智慧的渴求。这些渴求表现在科学、教育系统和文化的演变发展中。这个阶段可以与文艺复兴、科学革命相对应，并且至今这个发展阶段还主导着整个世界的发展。对知识和学问的渴求需要我们了解围绕着我们的周围环境。

为了真正了解人类目前所处的状态和它的方方面面，我们必须在科学发展的几个里程碑之间架起一座连接的桥梁。这些里程碑已经极其显著地影响了我们对待生命的态度。

十六世纪发生的科学革命给我们的认知模式带来了巨大的变

化。那时，科学研究者相信理论必须靠实验和观察来验证。他们也提醒我们避免采用那些神秘主义和宗教的方式来解释一切。科学思维的核心在于对现实的分析以及对一直困扰人类的老问题寻求科学的解释。而在此之前，所有这些话题都将一切归因于神圣的力量。

在其《数学原理和自然哲学(1687)》的著作中，艾萨克·牛顿(1642~1727)提出了一种机械论原理，可以让我们计算任何一个物体在受到一个给定的外力时产生的变化。牛顿理论的成功为人类认知世界提供了一种全新的世界观。牛顿的机械论观点认为，在所有的事件中，不论事物的本质如何，都会有一个特定的自然规律体现出来。神圣的存在对这些没有多大影响，因为所有运动的轨迹都是固定的，而且它不会受到神圣力量的影响。

这种机械决定论受到了当时天文学家皮埃尔·西蒙·拉普拉斯(1749~1827)的支持，他在向拿破仑解释太阳系是如何形成的时候引用了它。当拿破仑问他，上帝在这一过程中的作用时，拉普拉斯回答说："在这里我不需要这种假设"（Je n'avais pas besoin de cette hypothèse-là）。

因而，科学没有给超越其认知局限性的其他方面留有空间，包括那些超越我们感知之外的隐藏的现实。那时，所有人都相信，人类已经发现了认知这个世界的真相所必须的方法。

在18世纪末，似乎经典物理已经为科学研究者提供了一整套完整的规律用于他们对每一种自然现象的研究和探索。很多学者甚至认为，这些规律可以帮助他们解释少数依然神秘的现象。由于物理一直被认为是"科学之母"，并位于技术和实验的最前沿，它的发现也成为所有其他科学研究的基础。

现代物理的新纪元始于二十世纪初，伴随着爱因斯坦(1879~1955)的革命性发现而到来。爱因斯坦的相对论使人们对所有事物，比如过去已知的诸如时间、空间、物质、运动及万有引力等的认知态度发生了根本的变化。爱因斯坦的理论将时间和空间合并成一体——时空——从而否定了时间和空间是绝对的假设。

到了20世纪30年代，另一个理论出现了：量子力学，也可叫做量子理论。这一理论在物理学领域引发了一场持续的革命，根据量子力学，所有的测量结果都只是近似、定量化的结果，是通过量子理论计算解读出的概率值。

量子理论可以解释以前的理论不能解释的一些现象。这其中最著名的就是波粒二象性，也就是像电子等微观物体在某些条件下表现为波，而在另外一些条件下表现为粒子的现象。

量子理论的一个基本概念是不确定性原理，它认为观察者影响到被观察的事件。因而，一个关键问题产生了："测量的行为究竟测量了什么？"这一原则意味着"客观过程"的概念变得毫不相干。此外，超出测量的结果之外，一个所谓的"客观现实"根本就不可能存在。

量子物理的这些发现，彻底改变了科学家的探索方法。并彻底否定了机械决定论认为物理揭示了自然的客观事实，并描述了它们的绝对存在的观点。

这些机械决定论的观点被一种认为物理无法揭示自然的真实本质的新的认知所替代。物理只能够在一种特定的概率边界内帮助建立模型、模式和公式等用以计算解释一个实验的结果。

当代科学对独立存在于观察者之外的那个"真正的现实"和观察者可以描述的这个现实之间采取了区别对待的态度。今天，科学研究者都明白：以前被定义为"绝对的事实"的那些理论注定会为新的结论和新的实验让路。而这些所谓的新理论，又会依次被更新的公式和实验所替代。

现在我们显然看到科学并不能揭示绝对的真相，它只是通过当前的实验、感知和认知模式等为人类提供一张描绘这个世界的画面。此外，我们对这个世界的认知越深，我们面临的不确定性就越多，并且所发现的自相矛盾处也就更多。

承认以上事实，大大削弱了自然科学在总体上，特别是物理科学在科学中的主导地位。相反，这表明科学只不过是可用于揭示现实的一个很有限部分的工具，而无法揭示绝对的真相。真正的现实对我们是隐藏着的，我们不可能用世俗科学的研究方法发现它。

近年来，许多科学家已经开始对不同的宗教、新时代理论和神秘主义表现出兴趣。他们正试图寻找新的工具和新的方法来理解现实中的那些隐藏着的部分，也就是研究那些通过常规研究方法无法到达的部分。

科学面临的这一困境已在新的世纪之交升级为一场危机，挑战能否揭示我们生存的这个世界的完整画面的能力，挑战我们完全了解那些支配自然和人性的规律的能力。

一旦人类已经彻底探索了现实的这个可见部分，并耗尽了它对知识和学问的追求这一愿望，一个新的愿望就会浮现出来——也就是想要知道最高的概念和了解现实的隐藏部分的愿望。这正是人类的愿望在今天已经到达的发展阶段。

这也正是卡巴拉智慧为什么在当今出现的背景原因，它为人类认知世界提供了一个新的观点，一个卡巴拉学家在几千年前就已经发现的科学的世界观。目前，我们想要知道所有现实的这种渴望表明人类已经准备好开始接受卡巴拉了。

卡巴拉对世界的感知方法包括了其他宗教建立在信仰基础上的前提和概念，但它采用了一种科学的方式。卡巴拉在我们自己的内部发展出一种新的感知工具，进而将我们带进一个完整的现实，并同时提供研究它的方法。

《卡巴拉，科学和生命的意义》这本书介绍了对科学家们隐藏着的现实部分进行探索的卡巴拉科学的基础知识。当我们发现那些隐藏的部分时，我们对自己生存在其中的这个世界的认知将会变得完整。通过将现实隐藏的部分和这个已经被揭示的部分整合在一起，我们将使自己装备好去进行精确的科学研究和由此揭示整个现实的真正的公式。

通过揭示现实隐藏的部分，我们对世界的看法将会变得完整，从那些相对的感知界限中解放出来，我们将能够超越时间、空间和运动，揭示出现实每一部分的存在。卡巴拉智慧保证任何真正想探索现实的人们实现上述的所有揭示。

本书是根据作者，当代伟大的卡巴拉学家迈克尔·莱特曼教授的谈话记录，并由他的学生们编写而成。

目 录

第一章　卡巴拉遭遇量子物理 1
    第一节　旧金山会议的与会者介绍 3
        • 威　廉·泰勒教授 3
        • 弗雷德·艾伦·沃尔夫博士 3
        • 杰夫里·沙提诺瓦博士 4
        • 迈克尔·莱特曼博士 4
    第二节　卡巴拉简介 8
    第三节　物质的本性 13
    第四节　给予的力量和接受的力量 35
    第五节　卡巴拉和科学之间 42
        5.1　量子物理中自由的概念 42
        5.2　家庭单元 47
        5.3　个人命运和人类共同的命运 49
        5.4　正义者(Tzadik) 50
        5.5　人类的痛苦 52
    第六节　量子理论 56
    第七节　量子理论的可靠性 64

第二章　卡巴拉智慧的本质 69
    第一节　努力趋向平衡 70
    第二节　现实的结构 76
        2.1　控制物质世界 78
        2.2　开启我们的双眼 79
        2.3　在通往精神世界的阶梯上 80
        2.4　真理的智慧中运用的4种语言 85
        2.5　改变我自己 86
        2.6　对待现实的正确态度 89
        2.7　外部的现实 93

	2.8	穿越壁垒	94
	2.9	形式等同	95
	2.10	共同的灵魂	97

第三章　对现实的感知 …… 99

第一节　建造精神的容器(Kli) …… 100
- 1.1　建造容器(Kli) …… 100
- 1.2　感官的反应 …… 102
- 1.3　建造正确的形式 …… 107

第二节　感知模式 …… 109
- 2.1　学习模式 …… 109
- 2.2　完整的画面 …… 112
- 2.3　创建认知模型 …… 113
- 2.4　一个山顶洞人在当今的世界 …… 114

第三节　重获意识 …… 120
- 3.1　我们和这个世界 …… 120
- 3.2　体验无限世界Ein Sof …… 123
- 3.3　建造一个房屋 …… 126
- 3.4　世界在我们内部 …… 130
- 3.5　加速发展 …… 131
- 3.6　在内部构建创造者 …… 134

第四节　对现实的描绘 …… 136

第四章　实现精神基因 …… 143

第一节　精神基因Reshimot …… 144
- 1.1　意识的丧失 …… 145
- 1.2　虚拟现实 …… 148
- 1.3　集体冥想 …… 150
- 1.4　创造者是什么? …… 151
- 1.5　实现Reshimot(精神基因) …… 152
- 1.6　选择将来 …… 154
- 1.7　记忆 …… 156
- 1.8　思想的力量 …… 157
- 1.9　精神基因(Reshimot)的链条 …… 159

第二节　被揭示的和被隐藏的 …… 161

  2.1 反转的世界 ………………………………… 162
  2.2 矛盾的现象 ………………………………… 163
  2.3 一门新的科学 ……………………………… 164

第三节 自然的法则 ………………………………………… 167
第四节 卡巴拉——真正的现代科学 …………………………… 171

附 录

                      177

附录1．术语表 ……………………………………………… 178
附录2．历代卡巴拉学家对卡巴拉的描述 …………………… 186
   • Moshe Chaim Lutzato (Ramchal) (1707~1747) 186
   • Eliahu-Vilna Gaon (1138~1204) 186
   • Abraham Yitzhak HaCohen Kook (1865~1935) 188
   • Yehuda Leib HaLevi Ashlag (巴拉苏拉姆) (1884~1954) 191
附录3．历代著名学者对卡巴拉的评述 ……………………… 194
   • 约翰内斯·罗榭林(1455~1522) 194
   • 焦万尼·皮科·德拉·米兰多拉(1463~1494) 194
   • 帕鲁斯·瑞休斯(1470~1541) 195
   • 菲利普斯·奥里欧勒斯·帕拉切尔苏斯(1493~1541) 195
   • 克里斯汀·康拉德·斯普林格尔(1750~1816) 196
   • 雷蒙杜斯·拉里斯(1235~1315) 196
   • 佐丹奴·布鲁诺(1548~1600) 197
   • 戈特弗里德·威廉·莱布尼茨(1646~1716) 197
   • 弗里德里希·施莱格尔(1772~1829) 198
   • 约翰·沃尔夫冈·歌德(1749~1832) 198
附录4．其他卡巴拉著作 …………………………………… 200
附录5．Bnei Barauch卡巴拉国际教育和研究中心介绍 …… 217
附录6．如何联系我们 ……………………………………… 222

卡巴拉遭遇量子物理

2005年3月，一场独特的科学会议在美国加州旧金山举行，与会嘉宾包括科学家和卡巴拉学家迈克尔·莱特曼博士和量子物理学家威廉·泰勒博士、杰弗里·沙提诺瓦博士、以及雷德·艾伦弗·沃尔夫博士。3位物理学科学家都参加了当年红极一时的科学剧情大片 What the Bleep Do We Know?《我们到底知道什么?》的拍摄。会议的主题就是"量子物理遭遇卡巴拉"。

这个精彩的会议包括激烈紧张的封闭式讨论和公开演讲。继与会者介绍之后，莱特曼博士讲述了卡巴拉的基本概念，解释了现实的结构以及创造的物质—接受快乐的愿望是如何演变发展的。只用了一次研讨会议，科学家们之间就建立了一种共同的语言。

那天晚上，科学家们在加州大学伯克利分校和斯坦福大学的老师和学生面前，公开介绍了他们各自专长的领域。

第二天早晨，他们又回到了讨论桌上。在讨论会期间，他们分享了他们从会议交流中得到的印象，并互相交流了其在各自领域中所探索的内容。

几个星期后，沙提诺瓦博士出席了在以色列召开的主题为"卡巴拉智慧"的一个国际会议。大会期间，莱特曼博士和沙提诺瓦博士就自由选择、全球经济危机、21世纪的家庭单元、全球精神探索热潮和人类的未来等在内的不同的热点话题进行了广泛的交流。沙提诺瓦博士还做了有关量子物理学及其深远影响的公众演讲。

在本书的这一章中对卡巴拉的解释都基于这些会议的内容。

编者

1
旧金山会议的与会者介绍

◎威廉·泰勒教授

威廉·泰勒教授，多伦多大学物理学博士，曾任美国斯坦福大学材料科学与工程系教授。他已经发表超过250多篇科学论文，其中包括几本著作。他的主要著作包括 *Some Science Adventures with Real Magic*《用真正魔法进行的科学探险》；*Conscious Acts of Creation*《创造的意识行为》；*The Emergence of A New Physics*《一种新物理的兴起》；*Science and Human Transformation*《科学与人类的转变》；*Subtle Energies*《微妙的能量》；*Intentionality and Consciousness*《意向性与意识》。

◎弗雷德·艾伦·沃尔夫博士

弗雷德·艾伦·沃尔夫，加州大学洛杉矶分校理论物理博士，是一位曾与20世纪最著名的物理学家大卫·玻姆(1917～1992)和理查德·费曼(1918～1988)共同工作过的量子物理学家和演说家。

沃尔夫博士撰写了被翻译成多种语言的11本著作。这其中包括：*Taking the Quantum Leap*《量子飞跃》；*The New Physics For NonScientists*《对于非科学人士的新物理》；*The Yoga of Time Travel*《时间旅行的瑜珈》；*How the Mind Can Defeat Time*《思维如何能够战胜时间》；*Matter into Feeling*《从物质到感觉》；*A New Alchemy Of Science and Spirit, and Mind into Matter*《一种科学和精神，以及思维侵入物质的新炼金术》。

◎杰夫里·沙提诺瓦博士

杰夫里·沙提诺瓦博士拥有麻省理工大学的理工学士、哈佛大学的教育学硕士、得克萨斯大学的医学博士和耶鲁大学的理工硕士的学位。他完成了瑞士苏黎世大学C·G·荣格精神分析训练课程。他曾经在耶鲁大学担任精神分析和儿童精神分析研究员,在那里他两次获得精神分析学科的Seymour Lustman居住研究奖项(二等奖),他是哈佛大学1975年威廉·詹姆斯讲师。直到最近,他一直是耶鲁大学物理系的助教研究生。今天,杰夫里·沙提诺瓦博士正在完成法国尼斯大学量子物理的博士学位,并在普林斯顿大学教授宪法。

杰夫里·沙提诺瓦博士著有5本成功的著作,它们被翻译成9种语言,销售了数以10万计。其中最著名的书包括:*The Quantum Brain*《量子脑》,该书为流行的科学写作建立了新的标准,并且被批评者推崇。这本书涉及几个主题:数学、科学、计算机、量子物理和人工智能技术。其他2本杰夫里·沙提诺瓦博士的畅销书为:*Cracking the Bible Code*《破解圣经的密码》和*Homosexuality and the Politics of Truth*《同性恋及真理的政治》。

◎迈克尔·莱特曼博士

迈克尔·莱特曼导师,拥有俄罗斯科学院哲学博士学位以及圣彼得堡理工大学科学与生物控制论理学硕士学位。他是跟随其导师布鲁克·阿斯拉格(Baruch Ashlag,1907～1991)12年的学生和私人助理。在那些岁月里,迈克尔·莱特曼从其导师那里获得了其导师从他的父亲耶胡达·阿斯拉格(Yehuda Ashlag,1884～1954)那里得到的Sulam(希伯来语"阶梯")方法的真传,他的父亲被尊称为巴拉苏拉姆(Baal HaSulam),以其对《光辉之书》(*The Zohar*)的Sulam

(希伯来语"阶梯")的注释而闻名于世。

莱特曼导师著有30多本有关卡巴拉的著作，并被翻译成数十种语言。他每天讲授的课程在美国和以色列通过有线电视直播和转录，并在互联网上对数以万计的世界各地的学生进行直播和转录。这几年来，莱特曼导师经常在欧洲、东亚和北美地区的各种科学会议上演讲，阐述卡巴拉与科学之间的关系。

莱特曼博士说，当他告别学校生涯后，就一直在寻找一种能够探索生命意义的职业。他之所以选择生物控制学，是因为这一领域能够研究生命系统以及能研究控制它们存在的法则。

"我原本希望"，他解释说，"通过这项研究，我能够理解无生命的物质是如何进化为植物，然后再进化为动物的。然而，最困扰我的问题是，'我们生存的目的是什么？'这是一个在我们每个人中都会出现的疑问，但我们却把它淹没在日常忙碌的生活过程中而无暇过问。"

"在我完成我的学术研究后，我在俄罗斯列宁格勒血液研究所从事研究工作。甚至在我还是一名学生时，我就对一个活细胞如何维持着生命的奇妙的方式着迷。我对身体中的各个细胞之间和谐地合作，以维持身体的功能感到惊叹。这些研究主题围绕着细胞结构和它们在身体中的各种功能，但我却找不到对整个身体为什么存在的这个问题的答案。"

"我认为就像一个身体中的一个细胞一样，身体也应该是另一个更大的系统的一部分，在系统中，身体的功能表现为整体的一个部分。然而，在科学研究的框架中我想研究这个问题的尝试却遭遇到不断的拒绝。我告诉自己科学研究不了这些问题。"

"随着这些梦想的幻灭，我决心尽快离开俄罗斯，并希望在以色列能够继续研究这些一直困扰我内心的问题。在连续4年成为一

个'refusenik'(一个被前苏联政府拒绝离开的人)后,在1974年,我终于得到梦寐以求的出国许可并抵达以色列。唉,在这里,我得到的研究课题同样也只是局限于对单个细胞级别的研究。"

"我知道我必须要寻找到一个可以让我对现实的总体系统进行研究的地方。我转向了哲学,但很快发现在那里也找不到我要的答案。然后,我试图转向宗教找寻答案,但发现它除了提供机械式的遵守戒律之外,也无法给予我更深的理解。"

"只有经过许多年的找寻之后,我才终于找到我的老师布鲁克·阿斯拉格(Baruch Ashlag)。从1979年至1991年,我跟随了他整整12年。对我来说,他是最后的莫希干人(Mohicans),他是数千年来历代伟大的卡巴拉学家传承链条上的最后一位卡巴拉学家。我是他的私人助理和他的学生。在那些年中我没有离开他一步,并在他的支持下,我于1983年发表了我的最早的3部著作。"

"我的老师去世后,我开始发展并出版我从他那获得的知识。我认为这一切都是他的工作的直接延续。在1991年,我成立了Bnei Baruch,一个从事研究和实践巴拉苏拉姆(Baal HaSulam)和他的儿子布鲁克·阿斯拉格(Baruch Ashlag)传授的卡巴拉方法的卡巴拉团队的国际组织。"

自那以后,Bnei Baruch已成为一个拥有成千上万学生的国际组织。其成员从事研究、学习和传播卡巴拉科学。

Bnei Baruch维持着全球最大的卡巴拉互联网的网站,通过22种语言(现在已增加到36种语言),以最广泛的媒体传播渠道和课程档案、卡巴拉著作以及互联网电视(www.kab.tv)以及莱特曼博士的个人博客(www.laitman.com,www.laitman.cn)等向全球提供大量的信息。所有资料都通过网站(www.kabbalah.info/cn)免费对大众提供。Bnei Baruch最近成立了ARI电影制作公司，制作了各种纪录片和教育影片，在以色列、北美和欧洲的有线电视网络上播出。

此外，Bnei Baruch创建了以布鲁克·阿斯拉格(Baruch Ashlag)命名的阿斯拉格科学研究院(简称ARI)，作为公众研讨卡巴拉的中心。ARI的教育和学术目标源自一个严肃的深层次的承诺，就是要将巴拉苏拉姆(Baal HaSulam)的教义带到公众研讨的中心舞台上。

当莱特曼导师看了 *What the Bleep Do We Know?*《我们到底知道什么？》这部科学电影后，他说："我为电影中描写的科学家们开始对我在多年以前提出的同样问题感兴趣而感到欣喜若狂。我想也许他们会对卡巴拉能够提供给他们的智慧感兴趣。"

卡巴拉简介

(本文节选自莱特曼教授在加州大学伯克利分校斯坦福大学对老师和学生所做的公开演讲稿)

卡巴拉智慧(卡巴拉"Kabbalah"在希伯来语中为接受的意思),正如其名称所表明的,它是教导我们怎样去接受的智慧。它解释了我们是怎样来感知我们周围的现实。为了理解我们究竟是谁,我们必须首先研究我们是如何感知我们周围现实的,以及如何应对降临到我们身上的各种事件。对这些问题卡巴拉智慧为我们提供了深刻的见解。

卡巴拉智慧不会自然而然地出现在一个人身上,只有当一个人到达适当的成熟度时它才会出现。这就是为什么直到今天卡巴拉才被揭示给这么多人的原因,这也是为什么它被隐藏了几千年的原因。

以前的每一代人都相信,不论我们是否在这里感知这个世界,这个世界本身就存在着,而且它本身就是这个样子,认为这个世界就是它本身存在的方式,并且认为它是客观地、独立地存在着的。后来,人们开始了解我们认知的这个世界的画面是由我们自身是谁而形成的。换言之,这个世界的画面是我们自己的品质和外部环境两者相结合的产物。

因此,我们其实只感知到环绕在我们周围的所有事物的一部分。例如,现在就有各种波存在于我们的外部,但我们可能只感知到其中之一，只感知到我们被调试到一个相同频率的波的那一部分。所以，我们是根据自己的内在品质来感知外部的环境。如果我们和外面的世界没有什么共同点的话，我们就不会觉察或感知到任何外部世界。

卡巴拉全面地讲述了我们对时间、空间和运动的感知。为什么在我们看来现实的确在不断扩张，而且它又始终处于我们的一定距离之外？我们为什么总是对运动和变化有着持续的感觉，它的来源是什么？运动和变化的感觉是我们体验到的内部感知过程的一种结果，还是不论我们有没有去感知它，它都是独立客观地存在着的？

我们对自身内在的本质的研究越深入，就越发现对现实的认知取决于我们自身。一旦人类在知识、科学和技术方面充分发展到一定程度，我们将能够认知到卡巴拉智慧可以提供给我们的一切。

卡巴拉智慧告诉我们，围绕着我们的只有"更高之光"，它是一种处于永恒、不变的状态中的单一力量。除了这个"更高之光"之外，不存在任何其他事物。在这样一种状态下，"存在"和"不存在"两个单词实际上意味着同一件事，因为我们只对变化进行测量。当变化不存在时，就没有任何东西可测量。

在我们每个人的内部，都存在一种叫做"基因"的信息，它不断在我们的内部唤起各种新的感觉和情绪。我们正是在这些感觉中塑造了对这个世界的画面，也是这些感觉使我们获得了自己存在的那个知觉。所有这些感觉过程都发生在我们的内部，并由此绘制出我们对外部世界的认知。

实际上，在我们的外部，什么都不存在，但我们感知到的现实的画面却显得好像它就存在于我们的外部。笔者在这里陈述的概念在几千年前伟大的卡巴拉学家就进行了描述，它提供的所有体验的丰富程度既使人神往又令人敬畏。在《光辉之书》(*The Book*

of Zohar)中这样写道,只有当我们真正了解了书中所讲述的那种感知,体验它,并掌握它时,我们才能真正理解卡巴拉著作和《光辉之书》本身。

一旦我们认识到我们感知的这些局限性,卡巴拉就可以教导我们如何发现在我们的外部到底存在什么。通过卡巴拉,我们可以超越我们自然的本性,创建出新的感知工具,并通过这些新的感知工具全面体验外部的现实。

当从我们固有的感官的束缚中解放出来时,我们可以发现一个全新的世界,并开始体验那永恒、完整和无限的生命之流。我们将能够体验到那些控制现实的所有力量都是同一个单一的力量,而那些在我们看起来是意外的、想不到或不能理解的事件突然间都变得合情合理起来。

对这样的人来说,精神世界可以成为一个由各种力量组成的系统,这些力量在我们感知到的这个现实背后,推动着现实。它类似于观察一幅刺绣作品:从前面看起来就好像任何其他的图像一样,但从它的后面看你就可以看到那些组成画面的线的分布以及线与线之间的相互联系。发现背后的这些线和它们的互相联系将为我们提供有关自己和围绕着我们的这个世界的知识。

卡巴拉智慧之所以在这个时候浮现出来,是因为我们现在生活在一个非常特殊的时期:一方面,我们似乎有很多方法可以成功地获得幸福;但另一方面,我们似乎又永远不能实现这一目标。需要说明的是,卡巴拉并不排斥任何其他的教义或科学,它也不会挑战人类历代努力获得的那些进步。相反,它珍惜人类取得的各项成就,但是,当我们达到人类文明成就的高峰时,人类正开始体验到内心有一种不断增长的想要感受完整的现实的需求。这就是如今越来越多的人们对卡巴拉越来越感兴趣的原因。

要实现这一感知到那个完整的现实,并真正体验精神世界的目标,我们必须在自身内部培养出一种与精神世界的品质相同的品质。我们在现实中感知的一切,都是通过"品质等同"这一原理实现的。因此,我们始终是根据我们自身内在的品质在认知和发现世界上的新事物。

在我们成长的过程中,我们从父母和环境中获得各种新的品质。在吸收它们成为我们自己的品质后,就可以利用它们来研究周围的现实。我们获得了许多不同种类的品质,其中一些品质在我们自然成长过程的特定时间被唤醒,另一些则通过环境的影响而获取。但是,有些品质却无法自然地获取,必须通过一种特殊的方法在我们内部培育开发出来。

卡巴拉智慧恰恰培育这样的特殊品质。在学习由真正的卡巴拉学家撰写的、真正的卡巴拉著作的过程中,这些著作用一种独特的方式影响作为读者的我们,它激发起我们敏锐的深刻洞悟。在我们这个世界中,没有任何其他著作或方法可以做到这些。对卡巴拉的学习研究可以在我们内部创造出一种特殊的感觉器官,通过这个特殊感官能够使我们以一个全新的角度看待那些看起来似乎是"普通的现实"的事件。

我们可以观察一个立体透视图(一幅由线性物体组成但看起来有立体感觉的图片)来对此做一下类比。当我们直接看这幅画时,它显示为一组由无法理解的一些混乱的线条。但如果模糊我们的视线凝视它,我们将能"穿透"进入图片,并发现一幅丰富的三维图像。

卡巴拉智慧以几乎相同的方式对我们产生影响,它帮助我们在纷繁复杂中,"捕捉"到那个真正的现实的画面。事实上,卡巴拉不会展示任何新的东西,它只是重新聚焦我们的视线,以使我们可

以开始"看到"。

当一个人开始感知到那幅正确的画面,并且体验到更高世界之门的开启时,这一发现将伴随着一种永恒的生命和完美无限的快乐的奇妙感觉。而这正是生活正在引领我们将要到达的地方。

3

物质的本性

卡巴拉智慧已经演变发展了几千年，并贯穿历史在卡巴拉学家之间传播延续着。我想简要回顾这一过程中的几个关键点。

- 第一个卡巴拉学家可以追溯至《圣经》中描写的亚当。按照卡巴拉的说法，亚当不是上帝创造出的第一个肉体生命的人，而是第一个开始询问生命意义，并开始了解到宇宙和生命意义的人；按照卡巴拉的说法，亚当是第一个心里之点开始觉醒的人。这距今已有5772年(以2010年计算，译者)
- 而第一个开始传播卡巴拉智慧的卡巴拉学家便是犹太民族的祖先亚伯拉罕(约公元前1800年)。《创造之书》(*Sefer Yetzira*)便是他的著作。
- 亚伯拉罕之后500年，约在公元前1350年，摩西写下了他著名的《托拉》Torah(又称摩西五经，《圣经》旧约的前五章)。
- 在公元2世纪，西蒙·巴·约海(Shimon Bar-Yochai)写下了卡巴拉的巨著《光辉之书》(*Sefer ha Zohar*)。
- 16世纪卡巴拉在以色列的Safed镇，由伊扎克·鲁利亚·阿什肯纳兹(Yitzhak Luria Ashkenazi)，即阿里(Ari，1534～1572)的引领下兴盛。他在他的著作中描写了他的方法，现代的卡巴拉智慧都是建立在鲁利安体系的卡巴拉(Lurianic Kabbalah,

ARI的卡巴拉)的基础上发展起来的。鲁利安体系的卡巴拉将卡巴拉看做是一门科学—在其中没有冥想、颂赞、魔法、护身符或希伯莱字母的神奇图案等。

- 耶胡达·阿斯拉格(Yehuda Ashlag，1884~1954)，以巴拉苏拉姆(Baal HaSulam，意思是阶梯的主人)而闻名于世，他对《光辉之书》的阶梯(Sulam)的注释为我们这一代人奠定了学习卡巴拉的基础。他的著作使我们所有人都能够连接到伟大的卡巴拉学家们留传下来的古老而真正的卡巴拉智慧的资源。

我们如今研究的卡巴拉包含着从亚伯拉罕开始经过历代相传相同的知识。笔者很荣幸跟随了巴拉苏拉姆(Baal HaSulam)的长子和继承者、伟大的卡巴拉学家巴鲁克·沙隆·阿斯拉格(Baruch Shalom Ashlag)12年的时间，并从他那里获得了这个智慧。

卡巴拉智慧是一种揭示现实的隐藏部分的方法，这个隐藏部分是我们的5种感官无法感知到的现实领域。这门智慧可使我们在我们的内部发展出另一种感官，使我们可以感知到那些超越我们目前感知的这个现实范围之外的现实。

卡巴拉告诉我们，整个现实由一种被称为"接收快乐的愿望"的本质所构成。这个接受快乐的愿望本质上是一种想被快乐和喜悦充满的欲望；它正是我们通常将之称为"利己主义"的东西。这个接受的愿望存在于现实的所有层面：静止(非生命)的、植物的、动物的和语言的层面。

虽然这个接受的愿望是构成所有现实的本质，这个愿望本身既不是物质也不是原子，这些在以后才出现。所有被创造的、作为现实的基础而存在的一切，都基于这个享受快乐的愿望，它是一种对快乐的渴求。在现实的各个层面，这个愿望以各种不同的形式体现着。

每个卡巴拉学家，从亚伯拉罕到最后一个伟大的卡巴拉学家巴拉苏拉姆(Baal HaSulam)无一例外地都坚信：创造的整个本质都由这个接受的愿望所构成。每一本卡巴拉著作都在述说着这一同样的事情，而且所有的卡巴拉学家在这方面都意见一致。

卡巴拉学家是那些已达成更高世界的人，他们不是从理论上，而是从他们实际达成的体验中告诉我们。"达成"一词在卡巴拉中，指的是最高程度的理解。让我们用图表的方式将事情表述得更清楚一些。

我们说到这个接受的愿望是创造的基础。它是由"更高之光"的扩展所创造的(在卡巴拉中，"光"代表给予、赠与、爱；它被用来表示"创造者")。因此，是"光"创造了这个接受的愿望，而这个愿望想要被"光"所充满。因此，这个接受的愿望也被称为容器(Kli)，请参阅(图1)。

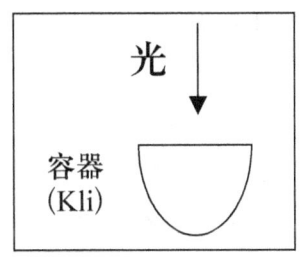

图1　"光"和容器(Kli)的关系

换言之，给予的愿望创造了这个接受的愿望，意味着"光"想要这个容器(Kli)接受"光"想要给予的东西。

这个接受快乐的愿望是物质的开始；卡巴拉称它为"元初物质"。不过，它还不是完全的物质，因为到目前为止，它完全是由"光"的行为所创造的。这一过程早于我们所知道的任何物质的形成，远远早于我们这个宇宙的物质的形成。

由于这个接受的愿望源于"光"的行为，它在极其微小的程度上感觉到"光"(快乐)。到目前为止,这个接受的愿望对"光"还没有独立的渴望。为了使其独立并进一步发展这个接受的愿望,我们必须在这个接受的愿望中添加另外一个元素:意识到自己的存在的知觉。

创造者("光")给了接受的愿望一个存在的感觉,令它感到有"一个给予者"的存在,也就是有某种东西给予了它正在体验的快乐。因此,一旦这个接受的愿望感觉到快乐,它便开始在这个快乐中感觉到了快乐的给予者。

同样,我们在收到一份礼物时,我们感觉到送礼者对我们的态度超越礼物本身。我们需要注意,当我们谈到创造者时,我们实际上是在指给予者。在这种状态下,被创造的存在物(创造物)开始感觉到在快乐和这个快乐的给予者之间有某种碰撞(图2)。这种碰撞在创造物中引发一种反应,使它也想成为创造者,因为创造者高于快乐本身。到达这一点时,这个接受的愿望就演变发展到下一个阶段。

于是,这个接受的愿望选择成为一个给予者,想要变得像创造者(给予者)一样。虽然,这还不是一个完全独立的选择,但这是创造物的第一个反应。这实际上是来自它对给予者的感觉的一种反应,是给予者令它产生的一种被迫的反应。所以,这个接受的愿望在这件事上并没有选择的自由。

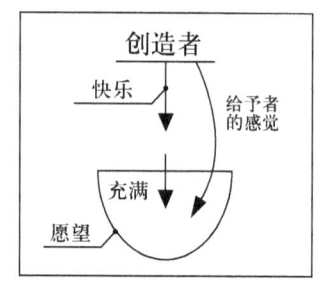

图2 创造物对创造者的感知

现在创造物开始考虑它能拿什么回馈创造者。创造者能够给予,因为他是快乐的来源。但当创造物也想要给予时,却发现它没有任何可给予的东西作为回报。

因此,通过它想给予创造者的这种需求,创造物发现了创造者的本性。创造物发现了创造者对它的爱。但是，如果创造者爱他的创造物，并且想要使它高兴，那么创造者本身应该想要或需求什么东西。创造物发现创造者所需要的只是想要实现使创造物获得快乐的愿望：当创造物快乐时，创造者也快乐；而当创造物不快乐时，创造者也不快乐。

为了像创造者给予创造物快乐一样，创造物也想实现它想要给予创造者的愿望，为此创造物决定接受来自创造者的快乐来满足创造者想给予的愿望。这一过程有些类似于为了取悦其母亲而去吃东西的一个孩子。这样一来，即使孩子是在接受她的母亲给予她的食物，她的行为本身就像是在给予其母亲一样。

当创造物处于这样一种存在的状态时，我们可以说它和创造者是相似的—它接受创造者要给予的，仅仅是为了回报给创造者。创造物做到了像创造者那样去给予。然而，这还不是创造过程的终点。现在，创造物已经执行了一种类似创造者的行为，它体验到了一种额外的快乐—拥有给予者的地位所带来的快乐。

这种额外的快乐在创造物中创造出了一个新的愿望：也就是除了"光"最初在创造物中创造的接受的愿望之外，一种新的渴望享有给予者的状态的愿望产生了。这个新的愿望并非"来自上面"，直到此时，这个创造物才值得被称为"一个被创造的存在物"，"一个创造物"(图3)。

希伯来语单词Nivra(被创造的存在物)源自词根Bar(在……外部)。因此，"创造物"或

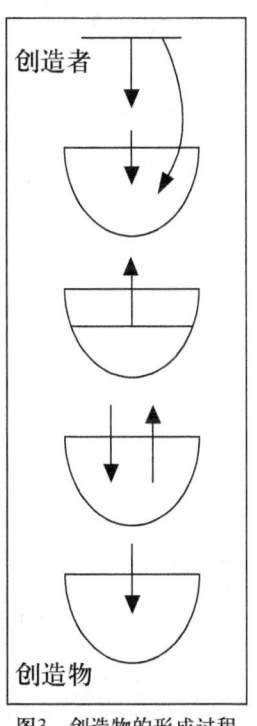

图3 创造物的形成过程

"被创造的存在物"这一术语其意思是指在创造者的愿望之外存在的某事或某人。

一旦这个创造物被形成之后,它经历由因果产生的一系列相互关联的状态。这些状态被称为"更高的世界"。"更高之光"和接受的愿望经过这些世界下降到被称为"我们的世界"的这个最低的层次。

在我们的世界这一层次,我们完全被接受的愿望所控制,而且我们彻底脱离了对"更高之光"、也就是创造者的感觉。

一旦这个接受的愿望降落到我们的世界,它变得从创造者支配的范围中独立出来,因为只有通过这样的分离,创造的目的—也就是使得这个接受的愿望到达与创造者的等同目标,才能够最终得以实现。在卡巴拉中,这种等同性被称为"创造物和创造者之间的形式等同"。

卡巴拉智慧描绘这个接受的愿望从创造的第一阶段降落到我们的这个世界之间发生的每一个进化的阶段。通过研究这些阶段,我们可以了解到物质世界、时间、空间和运动都是如何形成的,以及这个接受的愿望将会如何演变发展。

人类整个历史都是由我们的接受的愿望的进化发展决定的,这可以帮助我们了解人类是如何演变发展的。现实中发生的任何一个过程,毫无例外都是我们不断增长的接受的愿望发展出的一个结果。

一旦刚才描述的精神结构物质化,构成我们这个世界的物质就被创造了出来。我们的世界经历了几个进化的纪元,而今天我们正处在一个特别的阶段,在这个阶段,我们开始了解到向精神世界的发展必须开始。

今天,人类在社会和科学的两个前沿都面临着一系列的危机。

很多迹象都表明,现今人类的前途严峻而暗淡,人类正在经历一场全球性的危机。毒品滥用正在不断增加,并开始向越来越年轻的群体中蔓延;抑郁症就像瘟疫一样迅速传播,国际恐怖主义已经变得不可控制。

所有这一切的出现只有一个目的:帮助人类认识到我们所有的烦恼的根源是我们这个不断增强的利己主义的接受的愿望,并使我们认识到我们必须改正它。卡巴拉学家早在几千年前就描写了这个由于利己主义的不断增强将会产生的结果,并解释说当人类到达这种状态时,也将是卡巴拉智慧向世人重新揭示的时间,以便用它的方法来改正我们的利己主义。

让我们重述一下我们到目前为止所讨论的。有一个想要给予的创造者,这是"根"或阶段零。为了给予,他必须有某人去给予,而因为创造者想要给予,所以他就创造了一个容器/创Kli(造物)来接受他想要给予的"礼物",也就是创造者给予创造物(Kli容器),这是阶段一。

为了使这样的给予和接受发生,接受者必须首先想要这个快乐。如果是我在你身上创造一个对某样东西的渴望,然后给予你在这个渴望中想要的,你不会喜欢我的礼物,因为这不是出自你自己的愿望。你必须先感觉到这是你自己的愿望,然后你才可以将它定义为"快乐"。因此,在阶段一的最后,创造物开始感知到给予者和他的本性。

这个接受的愿望通过感知到给予者(阶段一)而演变发展,并因而想要变得和给予者一样(这是阶段二)。在这个状态下创造物感觉到变得像给予者一样是值得的(这是阶段三)。然而,这只不过是这个接受的愿望在其形成过程中的一个阶段,创造物并没有真的意识到它正在接受任何东西。

事实上，创造物对以上的几个阶段还没有任何意识；它们只不过是一个原始的粗糙的接受的愿望在其进化发展过程中的不同阶段。这个最初的愿望还必须下降、成型，并且远离创造者，直到它完全感觉不到创造者的存在为止。它必须一直降落到我们这个世界的层次，也就是只有到这时它才能感觉到在它内部存在的这个愿望，并将它当做自己的独立意愿(这是阶段四)。只有这样，它才会相信它是自由的，并且不隶属于创造者的领导。

在这种状态下，当在我们的这个世界的某个人想要发现创造者时，那个想要发现的愿望似乎将会率先出现。因此，一个人就能出于自己的自由意志去给予创造者，这种自愿构成了一个人的自由给予的形式。你可能会说从创造者的角度来看，这一切都只不过是一个幻想和想像力的产物，而创造者才是这一切的真正导演。虽然这是一种正确的说法，但从创造物的角度来看，正是创造者的这种隐藏，使得创造物感觉到他自己是独立的。

在阶段三的最后，创造物决定接收创造者的给予，以便可以变得类似于他。虽然在阶段二，创造物已经具有了给予的愿望，但这还不是它自己的愿望，这还不是在阶段三中出现的"变得像创造者一样的"愿望，而是一个直接来源于创造者的愿望。

让我举一个例子来说明我的意思。假定我想给你一块蛋糕，你可能会说你不知道这是什么，你没有一个对这种蛋糕的初始的渴望。但是，当我说服你，你真的应该尝试一下，因为它是一个奇妙的蛋糕。在这个劝说过程中，我即给了你愿望，同时又给了你满意，即对愿望的满足。

因此，在"这件事"(这个渴求)突然"醒来"和它开始意识到它自己在这两个阶段之间的过渡中，有一个进化演变发展的过程，这就好像它开始与创造者交谈。这种发展来自于创造物中存在的两种元素—快乐和快乐的给予者之间的内部冲突。实际上，所有存在的一切都不过是这两个元素相互作用的结果。

阶段三也标志着一个新的愿望在创造物中的觉醒：对创造者的嫉妒。在此方面，嫉妒是一个积极和有用的元素，因为它推动了我们进一步的演变发展。

最后，在阶段四结束时，创造物感觉到它正在给创造者带来快乐。因此，它认为它本身拥有和创造者同样的地位，同时也感觉到了到达创造者的地位带来的快乐，也就是给予带来的快乐，成为一个创造者所带来的快乐。

这种存在状态在创造物中产生了一个享受该地位，并享受这一特别的快乐的愿望。由于这个愿望不是创造者直接带给创造物的，而是创造物在自己的行为中演变发展出的结果，因而它被认为是一个属于创造物自己的新的愿望。而这正是我们所指的那个"享受快乐的愿望"（图4）。

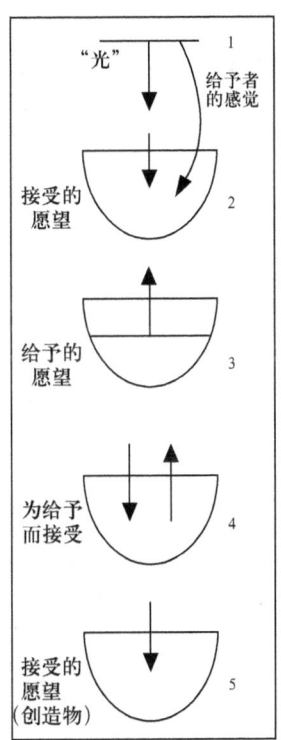

图4 接受的愿望的成型

在这最后的一个阶段中，创造物接受到了从分享创造者的地位所带来的快乐，并且沉醉于其中。因此，创造物沉浸在两种快乐中：一种是直接来自创造者的快乐；另一种则是分享创造者的地位带来的快乐，这种存在的状态被称为无限(Ein Sof)，是指在这个愿望上没有任何限制的一种状态。

这里指的不是物理意义上的距离、时间或空间的限制。更确切地说，这是对愿望的本质的一种认知，也就是说这个愿望本身是

不受限制的。

在接受到这些快乐后,创造物再一次发现存在着一个快乐的来源。它发现给予者是快乐的来源,并且感觉到自己是一个接受者。这一次,这个感觉是真实的,因为在这种状态下,这个接受的愿望是属于创造物自己的,而不是最开始时来自创造者的那个初始的愿望。

因此,创造物感觉到它想逃离自己的这种接受的愿望。它躲避它,不想再附属于它自己的愿望。这种对自己愿望的拒绝,导致它去"限制"它(避免使用它)。那个愿望仍然存在那儿,但现在创造物开始压抑着自己不去使用它。因此,那个满足的感觉——也就是快乐——也停止了。

创造物始终保留着一个渴望,就是决心要去到达创造者的状态,这变成了创造物现在唯一希望拥有的状态——也就是达到给予者的状态。它感觉它必须将一切都给予创造者,而不求为自身获得任何回报。从这一点开始,它所采取的所有行动的目的都只是为了要实现这个目标。

为了达到这个目标,这个创造物执行了一系列复杂的操作:它在"更高之光"上构建了一系列的隐藏(覆盖物),它们被称为"世界"(希伯来语单词"世界"是Olam,它源自单词Haalama,隐藏)。在这一系列的世界的最底部存在着就是我们的"这个世界"(我们感知的物质世界)。因为创造物被创造的过程是由5个部分组成,那"最高之光"的减弱也同样经历5个不同层次的隐藏,这5个相应的世界依次是:Adam Kadmon, Atzilut, Beria, Yetzira, 以及Assiya。

在构建这些世界的过程中,创造物为它自身建立了一个周围的环境。在Atzilut世界中,这个接受的愿望被划分为两部分:一个是内在的部分,也就是灵魂,另一个是外部的部分——灵魂在其中进行运作的环境(环绕物)。这个阶段仍然同我们的世界无关。

最后发生的事件导致了灵魂与它的环境经历一个破碎的过程,并因此下降几个层次到达"这个世界"的层次。直到这时才开始构成我们这个世界的物质的形成过程。

从这一阶段开始,从这个接受的愿望的破碎开始,我们熟悉的物质世界的历史演变开始了。一旦宇宙被创造出来,静止的(非生命的)、植物的以及动物的层次相继产生,在它们之后形成了对应于我们的语言的(人类)层次(图5)。

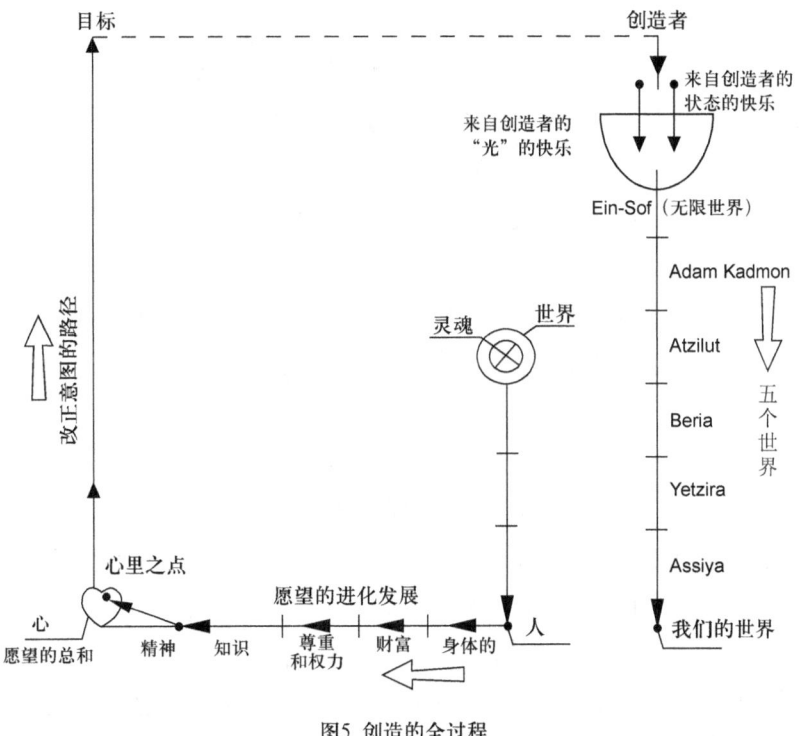

图5 创造的全过程

　　在其最初的进化阶段，人类的愿望表现为对生存、繁殖后代和建立家庭、为满足身体基本需求的愿望。身体始终需要获得这些基本需要，以维持其自身的生存。即使我们独自生活在一个小岛上，我们也会需要它们。

　　在我们发展的第二个阶段表现为一个越来越渴望获得财富的愿望，紧接着是对权力和尊重的渴望。这些追逐财富、权力和尊重的愿望，被认为是"社会性的愿望"，因此，它们的产生需要有两个因素。

(A)我们从我们所处的社会环境中得到这些愿望。如果我们独自
　　一人，我们就不需要它们；
(B)这些欲望只能在一个社会的框架内实现。

　　最后的进化阶段，则表现为对知识和学问的渴望。我们需要越来越多的知识，想知道并研究一切事物—科学由此得以发展。

　　今天，由于我们即将接近这个已经延续了几千年的发展阶段的尾声，我们开始明白到它真的不能为我们带来任何东西。我们发现我们自己处在一个独特的境地：我们想要被快乐满足，但在我们周围却找不到任何真正的快乐之源。此外，我们甚至不能准确地定义我们到底想要什么。因此，我们发现自己困惑，并感觉迷失了方向，就像走失的孩子一样，不知道要走哪条路。尽管我们想要某些东西，但我们却不知道它是什么或在哪里可以找到它。

　　我们用"心"这个词来表达那些在我们生命循环中不断演变发展的物质的愿望的总和，它包括：身体的愿望、社会的愿望以及对知识的渴望。和这些愿望相对立的是那个"心里之点"，一个在所有其他愿望之上发展出来的一个新的愿望之"点"。事实上，这个心里之点是想要知道更高力量的一个正在被唤醒的愿望，并且正是这个正被唤醒的愿望把一个人引向卡巴拉智慧，最终通过利用卡巴

第一章 卡巴拉遭遇量子物理

拉的方法实现这个愿望。

这个心里之点的唤醒带来了混淆，它是来自于心里之点在更高世界的起源处的副产品。更高世界的那些法则属于一个时间、空间和运动等概念都不适用的现实范畴。

自然而然地，我们的大脑与生俱来就被造就成一种模式，使我们始终以时间、空间和运动等参考系来思考。但在这个最新的阶段，我们开始发现，决定着一切的是我们个人如何感知现实的方式，而现实本身其实是永远不变的。

因此，我们逐步开始感觉到真正的现实是静止的，并且慢慢感觉到时间、空间和运动其实根本就不存在。我们开始认识到我们过去的所有体验都只不过是发生在我们的感觉之内，也就是一切都取决于我们如何培养我们自身去感知的能力。

我们需要经过一定的时间来适应这样一个概念：除了我们打开我们自身的"感觉工具"的程度之外，其他任何东西都不会发生变化。一旦我们已经做到这些，我们将开始以一种全新的方式去感知我们生存的这个世界，我们将很自然地、真实地，在没有任何限制、偏见、规则、压制、强迫或外部压力下去感知这个世界。

这个心里之点就是对精神世界的渴望的开始之点。今天，还只有相对比较少的一部分人处于这个阶段，但其人数一直都在不断增加。最终，每一个人都会到达这一点，那时，对创造者的渴望将压倒一切，这个心里之点正是由前面所述的那个嫉妒心引发出来的，也就是说，这是每一个创造物内在的一种需求，一种想要到达创造者的那个状态的需求。

我们必须明白当我们说创造者是好的，我们指的是创造者创造我们的目的，是为了将我们带到一个最佳的状态，即创造者自己的状态。因此，这是我们必须被带入的状态。任何比这更低的状态都被认为是不完全的。因此，创造的目的就是使我们能够到达和创造者等同的那个状态(图6)。

但是，为了到达创造者的层次，我们必须开始感觉到我们的愿望和创造者的愿望正好完全相反。创造者只想给予，而我们的愿望是只想接受。这正是导致容器(Kli)和"光"相反而产生的空虚和黑暗的原因。承认这种对立性是真正使我们成为创造物的开始。为了让我们知道创造者，我们必须先认识与他

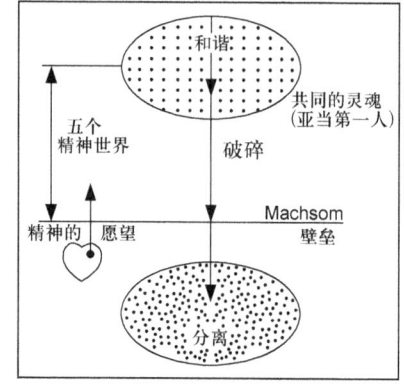

图6 两种存在的状态

相反的这个状态，也就是从"与创造者对立"的状态开始，这是一种使人无法忍受的痛苦的状态，而且它在考验我们承受这些痛苦的能力上加上了一个大大的问号。

平心而论，我们至今甚至还没有开始这个认识"与创造者对立"的状态的过程。为了感觉我们与创造者处于完全相反的状态，我们将不得不从情感上下降到一个非常低的层次。卡巴拉智慧之所以在这时候出现，是因为我们在身体层面上不可能承受得了这些状态，卡巴拉是一种能使我们轻松地经历与创造者相反的那些状态的方法，使我们在意识和思维中体验那些状态，而不是在我们的身体层面去承受那些痛苦。

我们可以用一个生病的人来类比这个过程。那个人可以选择等待，直到那个痛苦变得不能忍受，然后去找医生，他也可以在疼痛刚刚出现时就去看医生。在后一种情况中，对问题出现的早期诊断会使那个人免去因这种疾病实际爆发所带来的痛苦。换言之，一个聪明的人在病症一出现时即采取药物治疗，从而防止其病发带来的

痛苦。

通过这样做，一个人可以通过理智，有意识地去进化发展，因而，创造物(Kli)学会去感觉到自己和"光"是相对立的。卡巴拉智慧是一种帮助我们通过知识，而不是通过经历痛苦主动地进化，它在今天的出现，就是为了让人类在利己主义完全暴露自己之前、在各个层面给人类造成可怕的毁灭和大灾难之前，认识到邪恶就存在于我们的利己主义本性之中。

因此，卡巴拉智慧作为帮助我们实现我们的进化和创造的目标的方法应该让全人类都能获得。越多的人从事卡巴拉的研究和学习，越广泛的在这个世界传播卡巴拉，我们就将变得更好。巴拉苏拉姆(Baal HaSulam)在《对光辉之书的导读》(*Introduction to the Book of Zohar*)中对此做了清晰地阐述。

第一个询问有关宇宙和控制人类的力量的研究者就是亚伯拉罕。他跟很多人一样，住在美索不达米亚(古代波斯)，当时，人类还没有分裂成各个民族。他发现了这个可以使我们去知道那个超越我们的普通感知之上的现实的方法，也就是卡巴拉，他把自己的研究和发现写在一本叫*Sefer Yetzira*《创造之书》的书里。

亚伯拉罕开始召集学生，向他们传授卡巴拉智慧。随着时间的推移，这群卡巴拉学家最终形成了一个民族，就是以色列民族。许多年之后，也就是在第一、第二圣殿被毁后，这群卡巴拉学家失去了对更高现实的感知；他们从能感知到精神世界的精神意识的层次降落到了只能够感知到物质现实的层次。

这实际上是一个逐渐发展的过程。一些人在第一圣殿毁灭时失去了他们的精神感知，其余的人则在第二圣殿毁灭时才失去了它。阿齐瓦(Akiva)是当时最后一个到达"爱邻如己"这个精神法则的层次的伟大的卡巴拉学家。利己主义的不断增强引发了毫无根据的仇

恨,从而导致人们用宗教取代了卡巴拉智慧。

然而,尽管有这种下降,仍然有极少数的被拣选的卡巴拉学家,他们一代一代地在传承着这个卡巴拉智慧,直到全人类开始需要它的时刻的到来。今天,我们必须重新点燃这一古老的科学、振兴对卡巴拉科学的学习和研究、通过它去发现更高的现实,并将它传递给全人类。

然而重要的是要注意卡巴拉与宗教没有任何关系,它并没有意味着我们需要进行任何身体层面的行为。正如我们前面已经提到的,卡巴拉研究的只是和创造者有关的愿望和意图。

这可能会导致我们得出如下结论:既然应对我们未来挑战的解决之道,取决于卡巴拉智慧在全人类中的传播,我们是不是要使每个人都变为卡巴拉学家呢?事实上,我们没必要这么做。

整个人类被构建的就像是一座金字塔。正如任何其他领域一样,世界99%的人口都是被动的。他们不做研究或发展,而只是依赖于科学发现取得的那些成果去生存。

因此,我们应把传播重点转向为我们世界的命运和人类的未来担忧的那些人们。我们并不期待几十亿的人马上都来学习卡巴拉,但如果我们可以用卡巴拉科学向人类呈现一幅真实的现实的画面,它将迫使所有人都去改变,因为我们都是这个单一的整体结构的组成部分。

正如我们以上所说,创造者创造的这个容器/创造物(Kli),在Atzilut世界中变成了一个灵魂。这是一个集体的或共同的灵魂,称为Adam ha Rishon(亚当,第一人)。在开始时,这个灵魂的所有部分都极其和谐地连接在一起,并且它被"更高之光"充满着。在这个状态下,各个部分的总和创造出一个共同的完美。随后,这个灵魂经历了一系列破碎的过程,并下降到一个被称为"在壁垒之下"

的层次。在这个层次中，精神的感觉终止了。这个单一灵魂的各个碎片则继续在壁垒之下存在着，但却感觉彼此之间是互相分离的。

要澄清这些概念的话，我们可以说它们和从前一样还处于"同一个地方"，但是另一种感觉被添加给他们。这是一种让他们感到他们只存在于他们自己之内的感觉。在精神世界没有空间、地方等，所有的变化只是发生在他们的认知和他们的感觉的品质的变化上。因此，每一个碎片部分现在只生存在其自身之内，除了感觉到其自身之外，其他什么都感觉不到。

这种存在的状态被称为"这个世界"，这正是我们目前所处的状态。更高的力量正在作用于我们（与他分离的部分），以便把我们带回到改正的状态，而这将是创造的目的的实现的过程。

实际上，更高的力量将我们"扔"到这个世界的目的，就是为了让我们认识到我们和它是如何的不同。我们必须自己想要从这最低点攀升回到那个存在的正确状态，在那里我们全部都是连接在一起的。人的本性与创造者的本性之间的差距的有力例证，恰恰正是贯穿人类历史数千年的痛苦，这一预先设计好的下降和上升的整个过程，就是为了使我们能够看到我们彼此之间是多么地互相憎恨。换言之，每个人的"利己主义"必须被彻底暴露出来，只有这样，我们才会认识到为什么我们必须心甘情愿地彼此重新团结起来。

我们必须明白，当我们想要满足一个愿望时会出现的问题。例如，当一个饥饿的人坐在餐馆里等待一顿可口饭菜的到来，当饭菜被端上来，这个人从开始吃的一刹那，食欲就开始减少。这人吃得越多、他的饥饿感越小。随着饥饿感的缺乏，快乐也跟着消失了。即使还有很多食物留在饭桌上，哪怕食物非常美味可口，没有一个想要它的愿望（食欲、饥饿感），这个快乐也停止了。

这种相同的剧情在每一个愿望的满足过程中都在重复的上演，

只是同样的故事、不同的版本而已。当一个愿望在我们心中浮现时,我们就被激励着想要去满足它。我们费尽心力去满足我们的愿望,但一旦我们的愿望得以实现,快乐感随之也消失了。这可能会延续几分钟、几个小时或几个星期,但迟早(大多数很快)那个满足感会消散。因此,正是那个满足愿望的快乐消灭了这个愿望本身。

此外,获得一个快乐将生成两倍于之前愿望的一个更大的新的愿望。卡巴拉学家说过"一个人有了100就想200",一个人有了200就想400,正所谓欲壑难填。结果是,当我们获得了某些快乐时,我们却留下双倍于之前的空虚。如果我们真能找到一种永远被快乐充满的方法,那么我们就会一直感觉到生命的永恒。

有一种方法能够做到,即将"感觉的单元"分成两个部分。一部分去接受快乐,而另一部分去感觉它。换言之,如果存在着其他人,快乐若可以由我传递给他的话,我的快乐感就不会被熄灭。如果在我接受快乐的这个过程中,有另外一个人存在,这个感觉单元就可以被拆分成两个部分。

在这种情况下,我可以把快乐的接受者和快乐的感觉者分开。接受者会是其他的人,而感觉快乐的人则是我。这样做,快乐的感觉就可以变得没有止境,并产生一种永恒的生命的感觉。

我们可以用一位母亲和她的孩子的关系来进一步类比上述情况。母亲享受她的孩子的欢乐,因此可以毫不限制地给予她的孩子,并且因此沉浸在这种给予带来的喜乐之中。如果我可以用同样的一种方式去爱一个人,去取悦一个人,就好像是为我自己带来快乐的话,我的喜悦感将会是无限的。为了认识到这个快乐的原理,我们的灵魂不得不破碎并降落到这个世界。

当心里之点——也就是一个真正的想要重新唤醒对精神世界的感觉的愿望——在人的心中被唤醒时,他们将走入卡巴拉智慧。学习卡

第一章 卡巴拉遭遇量子物理

巴拉智慧是对我们的真实状态——在灵魂破碎之前的状态的学习。而这是存在的唯一状态。即使现在，我们也存在于那个状态中，只是我们对它已没有知觉。通过希望走出我们现在所处的黑暗的状态，并觉醒过来去感受我们真正的存在状态，我们吸引处于那个状态中的"光"来对我们产生作用。

当我们努力开启我们的感觉工具，去感知我们实际存在的状态时，我们就在自己内部开发出新的感觉容器。那样我们就会开始感觉到我们是如何作为一个单一系统中不同的组成部分而相互连接在一起的。

无止境的"光"和满足一直在不断地流过系统的每一部分。我们在这个世界上所经历的所有痛苦和烦恼的原因正是为了强迫人类重新返回到那个真正的、完美的状态，那个状态被称为改正结束（Gmar Tikkun）。

重返本来的那个完美状态是创造者从头至尾事先设计好了的一个过程。每个阶段都是完全被决定好的。在我们每个人中，都存在着一个精神基因，它印记着我们所有的过去、现在和未来的状态。灵魂必须顺着它从上面降落下来时的那个相同的路径和各个阶段再攀升回去。然而，返回之路却取决于我们发现自己的利己主义是糟糕的，并认识到接近创造者才是更值得我们去体验的更好的一种状态这一认知的程度。

因此，那些在精神基因中预定好的各个阶段通过"光"，即通过更高的力量进行演变发展，并带领我们从一个状态到另一个状态。如果我们认识到上升并"邀请""环绕之光"作用于我们符合我们自身的最大利益的话，我们将加速我们的进化并开始去感受真正的精神领域。因此，我们的自由选择仅仅在于我们是否选择加速这一进程。

"环绕之光"一词描述了更高的力量如何吸引我们向给予的品质靠近。它将我们引向改正的状态,也就是逐步获得创造者的品质。即使我们感觉不到,其实我们未来的所有状态都存在于我们每一个人的内部。我们的利他的、改正后的状态在我们利己主义的状态上的投射,唤醒了位于我们内部的给予的品质。

我们改正后的状态称为改正结束(Gmar Tikkun)。在Gmar Tikkun状态中,每个灵魂都充满了无限的快乐,并且与创造者处于完全的形式等同。在我们目前的状态下,来自Gmar Tikkun状态中充满我们灵魂的"光"是以"环绕之光"的形式照耀着我们的,它的力量的大小,取决于我们想获得给予的品质的那个愿望的强度。

"更高之光"就是给予的力量。如果一个人想要获得给予的品质,这个人必须使给予的力量——即一个人改正之后充满他/她的"光"——投射到他/她目前的状态上。"环绕之光"改正我们,并把我们带回到给予的品质。这就像一个正派的人曾经误入歧途,但现在重新清醒过来回归正途一样。

事实上,为了穿越将物质世界和精神世界分隔开来的那个壁垒,我们必须改正我们的意图,从彼此仇恨改正为彼此关爱。这个同样的规则适用于创造的所有部分,从现实中最低的形态到最高的形态都遵从这个法则。这一切都取决于发现这些规则的观察者的态度。

但是,直到一门科学能够被用数学的方式建立起来,它还不能算是一门科学。例如,量子物理学针对的是一个受时间和空间限制的现实。而我们在这里谈论的东西却是超越时间和空间限制的。

因此,只要量子物理学没有扩展到包含超越时间和空间的那些维度,传统的科学研究可能都很难继续进行这项研究工作。正因为如此,一定要在量子物理和卡巴拉之间找到一个切合点,因为卡巴拉研究的现实正是物理科学无法触及之处，也就是某种程度上，科学的终点是卡巴拉的起点。

换言之，要发展到一个更高的水平，我们必须扩展当代科学的研究范围，将意识包括进来，对科学而言，这可是一个飞跃。

在这一点上，我们先来描述一下卡巴拉与我们对现实的感知的关系是怎样的，这可能会对大家有所帮助。我们通过我们的5种感觉——视觉、听觉、嗅觉、味觉和触觉来感知现实。但是，所有我们真正感觉到的只不过是我们对存在于我们外部的东西和我们的五官产生的反应而已；而根本不是对实际、客观的现实本身的感知。

例如，声波到达我的耳朵，将会被解读为声音。我知道它是因为我的耳膜与对它产生压力的声波的那个反应。事实上，我测量的只是我自己耳朵的那些反应；我感知的并不是那个声波本身。我所能感知的声音范围依赖于我的听觉能力和我的听觉机制的健康状况等。但是，我根本不知道在我的外部实际发生的到底是什么。我们所有的感知和感官的工作原理都是相似的。

可以说我们就像是一个封闭的黑匣子，所有我们衡量的只是内部的印象，这些印象在我们内部产生一个外部的现实在变化的一种感觉。我们实际上根本无法知道是否有任何变化在发生；我们甚至无法知道在我们的外部到底存在着什么。我们就是没有走出自己，并没有办法检验它。

威廉·泰勒教授提到著名的丹麦研究人员托尔·诺里特朗德，出版了一本书《使用者幻觉》(*The User Illusion*)。诺里特朗德在书中阐述了一个关于无意识的功能以及它包含着什么的非常有趣的观点。研究显示人的5种感官每秒钟感知到的信息有5000万比特，它们被收集在意识中形成信息流。潜意识对这个信息进行数学式处理，但它只处理信息的一个很小的部分——每秒处理信息量大约只有

50比特，也就是说，只处理接收到的信息的百万分之一。

很明显，在接收到的5000万比特信息和被处理的50比特信息之间存在巨大的差距。请注意，这里的重点是潜意识发送到大脑的只是大脑预先确定为有意义的信息。其余的信息则被潜意识放弃掉了。这些研究结果似乎证实了卡巴拉关于接受的愿望的观点。

现在我们还不知道最前沿的科学和最杰出的研究人员是否认识到了科学研究的进展将取决于我们自己的内在特性的改变——也就是研究人员本身的内在品质的改变。最后会发现我们实际上一直在研究我们自己；我们在研究上的进展取决于我们能够改变自己的程度。

在 *What the Bleep Do We Know?*《我们到底知道什么？》这部影片和发表在流行的科学刊物上类似的文章中都在说，在我们周围存在着无限的可能性。卡巴拉智慧告诉我们，在我们身边存在着的只有处于完全静止状态的"更高之光"，所有的改变和无限的可能性都只存在于我们自己的内部。所有我们看到的只不过是我们自己的品质在那个固定不变的"更高之光"中的投射的映像而已。

笔者认为：要想在研究中取得进展，我们必须改变自己，这是一个全世界在接下来的时间里都要认知的概念。这个过程开始于牛顿，继续于爱因斯坦，并延续到了量子物理。现在是开始下一阶段的时候了。研究者最终会发现，除了我们内部的感知的工具发生变化外，其他什么都不会发生变化。这是卡巴拉学家在几千年前就已发现的概念。今天，越来越多的研究人员和思想家都正在预言科学将证实并得到这个相同的观点。

4
给予的力量和接受的力量

我们现在所拥有的卡巴拉知识，是由那些其灵魂燃烧着要去探寻有关生命存在的意义的问题的人用卡巴拉的方法探索得到的结果的结晶。他们用一种特殊的方法开始感觉那个完整的现实，他们著书记录下他们的发现。当卡巴拉学家们第一次感觉到那个完整的现实时，他们称之为"双眼的开启"。

这个开启双眼的过程，就是一个我们之前提到的那个无限的状态(Ein Sof)降落下来，而后重新攀升回那个相同的层次的过程。卡巴拉智慧包含两个平行的顺序：

- 从上到下——接受的愿望从无限世界Ein Sof经过所有更高的世界下降到"这个世界"的过程。
- 自下往上——是指研究者从"这个世界"，穿越壁垒，再经过更高的世界攀升回到无限世界Ein Sof的过程。

卡巴拉探讨接受的愿望，也就是享乐的欲望。正如我们已经说过的，在这个接受的愿望的创造过程中有5个阶段。我们将这些阶段用4个希伯来语字母标记：分别是Yod的尖端(·)，然后是Yod(י), Hey(ה), Vav(ו), Hey(ה)，我们将之缩写为HaVaYaH。我们同样给这5个阶段指定5个相应的名称：Keter、Hochma、Bina、Zeir Anpin和Malchut。

Yod的尖端是Keter(图7)，标志着从"光"中分离出来的接受的愿望开始显现，就像是在"光"内部的一个黑点。从这个点发展出字母Yod——最初的愿望。字母Yod(י)的形状就像在一个点的头部长有

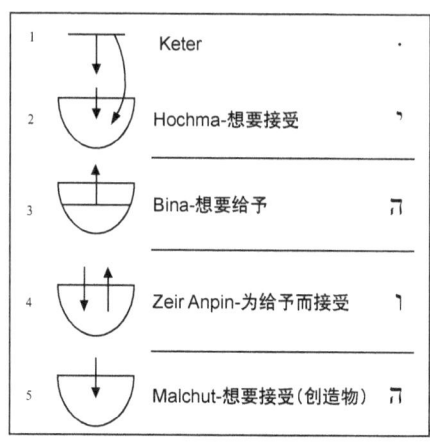

图7　愿望的演变过程

一个尖端而在尾部有一个尾巴。它象征着一个以前不存在的新的物质——也就是接受的愿望的创造。这一阶段被称为是Hochma。

一旦字母Yod(׳)开始演变，这个接受的愿望通过从创造者那里吸收给予的品质而继续发展。给予的品质和接受的品质的组合生成一个新的品质叫做Bina，并被指定用字母Hey(ה)表示。

Bina包含着想要变得和产生它的"光"相类似的最初的物质。Hey(ה)的形状象征着接受的品质和给予的品质的结合。这种结合在最初的接受的愿望中产生出给予的形式。

紧接着，这个愿望想要表现出一种给予的行为，就像创造者以前做的那样，因此想要变得像字母Yod(׳)一样。但因为这次是这个愿望本身表现出的一种行为，它被指定的字母形式是Vav(ו)。

字母Vav(ו)象征着我们要想成为给予者、即变成创造者的努力。但是，字母Vav(ו)的行为被视为是不完全的，因为它是一个事先已做出的一个决定，是字母Hey(ה)中产生的那个给予的愿望的一个自然的结果。这个愿望的不完整性，由字母Vav(ו)来象征，这个字母被隐含在愿望的名称Zeir Anpin——小脸(亚拉姆语)中。Zeir Anpin缺少独立的决定，也就是缺少"头"。

当Zeir Anpin表现出给予的行为时，它发现作为一个给予者到底意味着什么。结果是，它就开始想要达到给予者的地位/状态，而这个最后的愿望被称为Malchut。Malchut的愿望的目标是完全地获得给予的品质，因此，像Bina一样，它也由字母Hey(ה)来象征。

但是，在第一个Bina的Hey和最后的Malchut的Hey之间存在着一种根本的区别。在Bina中，接受和给予的组合都源自创造者，"来自上面"；而在Malchut中，这个组合则"来自下面"，来自我们自己想达到给予者的那个地位/状态的渴求，是一种从这个接受的愿望自身衍生出来的愿望。现在，我们可以看到为什么字母Yod，Hey，Vav，Hey象征创造者的名字。它是创造者塑造出这个接受的愿望的模板，在这个模板中，这个接受的愿望将创造者感知为充满(满足)它自己的"光"(快乐)。

一旦在Hochma中"光"充满了这个接受的愿望并将对给予者的感觉灌输给它，这个愿望就开始感觉到自身是一个接受者，因而它想变得像那个给予者一样。在这一阶段，这个愿望可以轻易地改变其性质，因为这时的愿望还不是一个独立的愿望，它只是来自创造者的愿望。但是，在Malchut中的接受的愿望，已经是创造物自己独立的愿望。

当在Malchut中的这个接受的愿望，即想接受来自创造者的"光"带来的快乐，同时又想接受享有给予者的地位/状态带来的快乐时，它开始看到自己的品质和"光"的品质的对立性。这时，这个接受的愿望体验到其自身和"光"之间在品质上的差距。感觉到这种令它痛苦的差距，使它决定采取一个叫做Tzimtzum—也就是限制"光"的行为。换言之，它在发现自己的品质和创造者的品质是如此地相反时产生的反应(羞耻感)，令它把充满自己的所有"光"都排除了出去。

从这一阶段开始，这个限制(Tzimtzum)就成为了创造物的所有行为的支配性法则。"光"将不再从创造者进入到一个品质相反的愿望中，因为这是创造物自己做出的决定。如此，限制(Tzimtzum)

成为创造过程中一个绝对的法则。

限制(Tzimtzum)的法则意味着只要我们(创造物)还是利己主义的,我们就无法感觉到创造者以及来自他的快乐。在整个现实中,只有非常微小的一部分,被称为"这个世界",在那里一个人可以不管这个限制(Tzimtzum)的法则,可以在利己主义的愿望中接受并享受快乐。这种状态使得我们在开始改正我们自己,并变得更像创造者之前,能够生存在物质世界的层次。

我们必须明白,一种自私自利的存在,就像我们在这个世界目前的存在状态,在现实中并不真的存在。从这个世界向上攀升意味着一个人的愿望向着给予的品质的方向接近。在这个世界,接受的愿望是向内(为自己)运行的,而在精神世界中,它则向外运行、给予,就像创造者一样。

换言之,精神世界遵守这个限制(Tzimtzum)的法则,而且"精神"这个术语是指我们和创造者类似的那个状态。在我们目前的状态下,我们是利己主义者,和创造者正好相反。

现在让我们回到那个创造的过程。"世界"一词描绘了创造物,也就是这个接受的愿望的某个特定的状态。因此,创造物在限制(Tzimtzum)之前的状态被称为"Ein Sof世界"(无限的世界),而在限制(Tzimtzum)之后的状态被称做"Tzimtzum的世界"(有限的世界)。

在限制(Tzimtzum)之后,那个容器(Kli)一直保持着一种空虚的状态,而且应该决定下一步做什么。它感觉到继续维持这种空虚的状态对其自身和创造者都毫无意义。虽然,这个限制(Tzimtzum)的行为使得它从"光"的支配中独立出来,但这么做,却仍然没有给它带来任何东西,因为这个限制并没有使它变得像创造者一样成为一个给予者。

这个容器(Kli)知道它可以采取一个它从Hochma过渡到Bina时曾经采取过的类似行动。但是，这次却是出于它自己自由的、独立的意志。它认识到，如果它能够从创造者那里接受"光"时，它的意图却是为了给予创造者，为了使创造者快乐时，这样的接受就能给创造者带去快乐，毕竟，这也是创造者的愿望—使创造物快乐。

因此，当最初的"光"也就是快乐进入到创造物—容器(Kli)时，伴随着感到快乐来自于创造者的感觉，创造物在开始时拒绝了它们。它这样做是为了不去直接感觉它们，以避免感觉到因为和创造者完全相反而产生的羞耻感。正是以这种方式，创造物遵循着限制(Tzimtzum)的法则，为的是不允许自己为了自我满足的缘故而去接受。

在这之后，创造物衡量了摆在它面前的快乐，并与自己享受的愿望做出权衡对比。只有当创造物准确地知道为了取悦创造者而不是取悦自己能接收多少快乐时，它才决定接受一定量的快乐。其余的"光"都被排斥了回去。

卡巴拉学家用一个客人和主人的例子对这种关系进行解释。主人准备了各种各样客人喜欢的美味佳肴，并将客人邀请到餐桌旁。但客人却因为感到羞愧而礼貌地拒绝了他。客人这么做的原因的真相是客人害怕感到自己像一个接受者，并因此保护他的自我免于受到羞辱。

现在轮到主人恳求客人："我准备的这一切都是为了你！你知道我多么关心你吗。我为你准备的这一切都是想使你高兴，你能为了我吃一点吗？"通过如此的劝说，主人在客人面前显示出自己所欠缺的东西，他想要的就是客人接受他的给予(吃为他准备的饭菜)。现在客人感觉到同意吃这些食物可以满足主人的需要。因而吃主人准备的饭菜正可以给主人带来的好处。

因此，这时力量的平衡改变了：如果客人接受是为了使主人高兴，它就不再是一种接受，而是变成了一种给予。也就是说客人利用主人的爱把快乐还给了主人。

这种接受及给予之间关系的另一个例子是在父母和孩子之间。事实上，孩子是家里的头儿，他利用父母的爱来操纵他们，以满足他自身的需要。自然地，这些例子中的人都是利己主义者。在精神世界中，事件发生的方式则有很大的不同，但这样的例子可以帮助我们理解这个原理。在更高世界中，事件发生的过程建立在一个非常相似的原则上：如果一个人接受快乐是为了使创造者高兴的话，这种接受就不被认为是一种接受，而是一种给予。如果人类这么做的话，人类就会与创造者变得等同，并因此获得创造者的思想。

换言之，在最开始时，"光"就用一个巨大的、对它的完全的渴望创造了我们。即使现在这个愿望依旧深藏在我们心中，只不过它处于一种潜伏状态，因此我们感觉不到创造者的"光"。对"光"的这个渴望必须被唤醒。

认识到我们是采用的是一种纯粹的科学方式来研究"创造者"的概念是非常重要。换言之，我们可以用精密的工具测量我们对创造者的感觉、量化每一个感觉，并用数字将它表达出来。我们用来衡量对创造者的感觉的工具被称为"卡巴拉智慧"。通过它，可以精确地定义是哪些"光"充满了容器(Kli)的哪一个部分，力量有多大，以及是在哪些条件下充满的。

卡巴拉探讨被创造者创造的这个接受的愿望。这两者—接受的愿望和它的创造者，他们是非常高的两个元素，在此意义上讲，他们远远先于所有宗教和信仰体系。卡巴拉是研究现实中这两个互相作用的力量的科学，其中那个给予的力量被称为"创造者"，而另一个接受的力量，则被称为"创造物"。

40

卡巴拉与任何宗教或任何信仰没有任何关系。我不想用卡巴拉同其他的教义相比较，我也不想讨论任何宗教，不论是印度教、犹太教、基督教还是伊斯兰教。如果我们可以讨论有关更高世界的物理学的话？我们为什么要讨论宗教呢？

在解释这个问题时，我们面临的挑战是我们无法比较我们的情感。我们没办法说一个人感觉到的"更高的力量"和另外一个人感觉到的"更高的力量"是否是相同的。因此，尝试比较这个或那个教义与卡巴拉的区别是毫无意义的。

卡巴拉是一种技术，它提供准确、数学式的、可测量的、精确的工具。当我记录有关一种状态的数据时，另一个卡巴拉学家也可以用他或她自己的工具执行完全相同的行为，并经历笔者得出的数据。卡巴拉智慧为衡量人类的情感提供了一种精确的测量方法。

卡巴拉著作描述了卡巴拉学家对那更高力量的印象。他们描述自己的情感，并留给我们公式—解释在我们接受的愿望上，我们需要做出一些什么样的内在的行为。通过这样做，我们可以学会如何正确地做出接受和给予的行为，而这正是创造者要传授给我们的。

一个卡巴拉学家可以非常准确地衡量能够接受或者要排斥掉的快乐的大小。因此，卡巴拉给予我们确切的指示，以指导我们在每一个阶段必须做出哪种类型的内在工作。因此，我们将会知道如何对应"光"来相应运用我们的愿望。

5

卡巴拉和科学之间

(2005年4月杰弗里·沙提诺瓦博士和迈克尔·莱特曼博士在以色列的对话)

5.1　量子物理中自由的概念

莱特曼导师：科学对自由选择这一主题现存的观念是什么？

沙提诺瓦博士：现代科学，作为一个整体—我现在只是暂时使用"作为一个整体"一词，因为我很快会对它做出重大修正—现代科学作为一个整体，感知的仅仅是物质层面的现实。它把物质现实看做是一个整体、看做是一部复杂的机器。我将用玩具火车模型对这个概念加以说明。如果我们开动火车，它将沿着轨道前进，很少有人在其中来回走动。这个模型只是一种机器。

你一定会说在这个玩具火车模型中，它的所有组成部分都没有选择的自由。同样，大部分现代科学家都会告诉你这个物理宇宙和这个玩具火车完全一样，在宇宙中的每个部分的每个动作都完全是由宇宙中的前一个事件确定。他们甚至会坚持说除了玩具火车模型之外没有其他的模型。现实只是由一个宇宙和里面的"玩具火车"组成，它是没有建造者、没有设计并建造了这部玩具火车的工程师。

沿着这一观点，有一个现代科学的分支被称为"量子力学"。此分支认为，我们刚才陈述的理论是不正确的，而且认为在这个物理宇宙中，实际上存在着完全自由的元素，其中的原子粒子并不遵从机械原理的机械行为，而是"选择"如何行为。我特别用引号引起"选择"这个单词是因为我们的语言太苍白有限，无法充分表达它。真正的问题是科学没有对这些选择的性质做出任何解释，因此对我们来讲，它们看起来是完全随机的。

如果一个人正确地理解量子理论这一最先进的科学，这个人可以看到在人类中存在着真正的自由意志的可能性。但是，现代科学不能清楚地解释如何以及在何处可以使用这种自由意志。

莱特曼导师：似乎在超越普通的和可以轻易到达的自然世界之外，粒子具有某种方式的"自由选择"，但这会如何影响人类呢？这一切并不表示我们在日常生活中有自由选择。也许，在某个地方，在物质的深层，存在着额外的力量或遵循某一规律的或然性，而这一规律我们没办法用普通的机械决定论给出合理的解释。

沙提诺瓦博士：是的。这些都是微妙而复杂的认知。科学界那些最伟大的头脑对此已争论了八十多年。看来，不管它们的局限，单个电子可以从几个轨迹中"自由地"选择路径。但电子不能做到更多，它们不能写书、结婚，或去发动战争。不过，在它们的局限范围内，它们看起来确实有一定程度的自由。

当我说"这些电子选择"时，我正在使用相当松散的措辞，事实是：我们真的不知道是谁或是什么在做出这个选择。我们能够确切知道的是宇宙中物质的每一个粒子的行为表现出两面性：一方面，其行为依照固定的规律，另一方面，其行为又表现为不规则，受到一种不属于我们已知宇宙中的某种东西的影响。

因此，一个人可能会说，例如，我们的宇宙的创造也是两重的。一方面，是先前的物理过程的结果，另一方面，是由一种更高的力量创造的。但科学不能证实这一点。它可以证明的就是我们的物理行为不仅仅是由它们之前的物理行为决定的。相反，我们明白"某种东西"会影响物质，但科学不能告诉我们那个某种东西到底是什么，而且，也不知道如何去研究、确认或反驳它。

有人可能会争辩说，好像电子有自己的伪脑(pseudo-brains)来

做出那些决定，但我并不支持这一理论。在这一点上，你可以自由地相信你的选择。

当一个量子对象与另一个量子对象连接时，它开始了决策的过程，这是由它们之间的连接引发的。这一过程的进行可以伴随一个观看粒子的观察者，但那个观察者并不是必须的。

真正的奥秘不在于外部是否有观察者，而是存在这样一个事实，似乎确有一定维度的自由被传递到了物质内部。这个维度的自由就是我们所说的"某种东西"，它超出了这个物理宇宙的范围，但没有告诉我们任何有关那个"东西"的本质。

莱特曼导师：我不明白为什么我们迄今为止还没有遭遇到这个奥秘。当我们研究人的身体与人的心理时，我们没有发现任何潜在的力量导致了这些无法解释的行为。很奇怪我们不得不将原子不断拆分到一个最微小的粒子，最终发现里面除了一个微小能源的能量爆裂之外什么都没有，而我们最终发现我们无法知道它们在一瞬间将如何运动，甚至我们都不知道我们面对的到底是波，还是粒子。难道我们不觉得我们应该在属于人类的意识范畴的一个更高的层次上，先找到这些隐藏的力量会更有意义吗？为什么偏偏是那些研究无生命原子的物理学家成为突然发现到在这些粒子间存在着一个隐藏的生命的人呢？

沙提诺瓦博士：我认为，这是20世纪最伟大的讽刺之一。牛顿物理学发现一个没有生命的宇宙，认为物质是没有生命的，仅仅把它看做是一部作为物理、化学和生物学的研究产物而演变发展着的机器。最终，物理学家同样得出了人类只不过是机器这样一种认知。

在一个日常的程度上，我们在直觉上和情感上经验我们自己为自由的创造物，我们做出自己的选择。此外，心理学家依赖的前提

是他们的病人可以自由的选择。如果我将我的患者看做是一部机器的话,我会放弃我作为一个心理学家这个职业。

尽管如此,从17世纪到20世纪初,所有科学都依赖的一个合理和严格的前提就是所有的东西都是机器。

的确大多数人在他们的日常生活中并不觉得自己像机器一样,因此,科学世界观与人们实际的生活方式不一致的问题并不会影响人们的日常生活。现代医学、现代精神病学和研究人类的心灵与神经系统的所有教义都没有给人有自由意志这一假设留有余地。

莱特曼导师:你所说的意味着物理学家,也不太愿意应对一个非机械的系统。然而,实验的发现迫使我们承认存在着另外一个力量,这否定了我们所预期的机械决定论的结果。

沙提诺瓦博士:这正是现在发生的事情。只有在亚原子级对量子力学进行严格的实验时,它才非常显而易见。这一结果使科学家们目瞪口呆。例如,爱因斯坦一直支持世界是一个没有生命的机器这一观点。他认为这个量子力学是不可能的,甚至将它定义为"疯狂的"。这个在任何物质中有可能存在着自由的可能性,使他做出了他著名的断言:"上帝对宇宙不掷骰子"。

虽然爱因斯坦用"上帝"一词,但他使用这个词语时是带有嘲讽性质的。他的意思是在这一级别的物质,不可能有如同实验所验证的任何自由。他意识到如果在物质的这一层面存在自由,那将意味着科学的结束。这就是为什么他说科学不能构建在这种假定之上的原因。

莱特曼导师:为什么这将会意味着科学的终结呢?科学研究不总是驱使我们进步,并改变我们的看法吗?为什么这么多科学家说我们正在接近科学的终结呢?

沙提诺瓦博士:第一,当爱因斯坦认为这是科学的终结时,他

错了。当他认为量子力学是错误的时侯他也错了。量子力学的研究显示科学知识有其局限性。量子理论的科学家到达了研究的边界，然后离开了它。

我相信就您的专业知识而言，最重要的事实是，量子理论使我们很清楚地知道，科学的能力是有限的，并同时指出在边界的另一边存在有"某种别的东西"。我已经注意到很多人错失了那一点，在量子理论和卡巴拉之间混淆不清。量子理论明确指出，科学可以到达那个界限，并证明它的存在，但量子理论同样指出，科学无法解释边界另一边到底有什么。这不是科学所能发现的，在这一点上，科学承认其本身的局限性。

莱特曼导师：我们对现实的认知源自我们对现实的研究。它是根据我们的感官和我们的感知在我们的内部被创建出来的。如果我们是被用头脑和智力技术创建成的，这些头脑和智力技术如果让我们对所看到的采取另一种分析的话，那么很有可能我们能穿越那个边界。换言之，虽然这可能是我们目前的品质本身造成的限制，或许这种限制只存在于我们目前的状态中。有没有可能我们可以找到某种方法，改变我们的品质从而跨越那个边界呢？

让我用不同的方式表达：有没有可能我们之所以不知道有关量子粒子的一切，是因为我们被囚禁在时间、空间和运动组成的框架中呢？如果我们能以某种方式从此边界中解放出来，我们看到的整个过程会不会完全不同呢？如果我们改进我们的特性品质的话，未知是否有可能会变为已知呢？

沙提诺瓦博士：在这个谈话中，我故意选择将我自己对世界、精神、卡巴拉的个人观点放在一边。我不是以上任何一个领域的专家。在这里我想扮演一个科学世界的使者，对于科学可以或不可以做什么，我想保持一个中立的自我退隐的姿态。

很可能人类就是被投射出来的具有精神潜能的创造物，而精神潜能也许能够使人类跨越那个边界。作为人类中的一员，我当然渴望能这样做，而且我认为所有的人都渴望能这样做。也许卡巴拉所研究的正是可以使这成为可能的科学方法。

然而，严肃的科学需要我们时刻保持警觉，并认识到它的那些局限。科学可以引导人类到达那个边界线，但它却不能带领我们穿过它。换言之，一位科学家不能使用量子理论作为穿过那个边界的方法，尽管是它本身发现和指出了那个边界。

莱特曼导师：关于在我们周围存在有无限的可能性的争论，难道它不正是那个观测的科学家们从那些无限的可能性中选择出来的吗？

沙提诺瓦博士：我们还不知道，量子理论显示某些粒子选择一个轨迹，而其他粒子选择另一个轨迹，但我们不能说出这种选择来自何处。这件事从科学的角度来看什么也解释不了，对科学来讲它完全是个谜。

这里的难点是认识到这个神秘，而不是在我们没有答案时假装我们知道。这种认识可以促使我们意识到有一个"超越"这个现实之外的存在。这一认知并没有告诉我们它是什么，但它能启发我们开始去思考这件事。

5.2　家庭单元

沙提诺瓦博士：在二十一世纪的开始，卡巴拉认为男性与女性之间应该维持一种什么样的关系，卡巴拉对这种关系有什么预测？

莱特曼导师：从卡巴拉的角度来看一男一女在一起很重要，他们应该在自我改正以及走向与更高力量和谐一致的道路上协同前进。通过这样做，他们可以在物质和精神两个层次上互相补足相互

促进。女人及男人均需做出一定的改正。通过改正其个人及相互之间的关系，他们可以建立正确的相互关系，这样的一种关系将类似于更高的力量。

对比21世纪正在发生的和历史上已经发生的事件之间的差异我们可以看到，今天的人类已陷入一场全面的危机。这一危机发生在我们生活的各个领域，包括个人和家庭的层面都是显而易见的。

危机的原因是人类的利己主义以及沉溺于快乐的愿望已不断地增强到了一个新的高度。今天，人类的利己主义已位于其最高峰，我们不再能控制它。结果是，我们正在失去我们曾经拥有的控制我们自己、控制我们的世界的能力。

我们不想再属于彼此或从属于一个家庭。利己主义开始变得狂暴不羁，人们变得不能忍受互相靠近。在总体上，家庭关系，特别是婚姻关系，是第一个因利己主义的爆发而遭到损害的关系，因为我们的配偶是最接近我们的人。

在过去，家庭是动荡的避难所—它是一个温暖安全的小岛。当世界上有麻烦、冲突时，即使我们离家作战，但我们仍然渴望重新回到家里。当我们与周围的邻居关系不和时，我们可以选择搬家，而我们的家庭单元始终被认为是一个安全的避难所。就算我们真的不希望组成一个家庭，我们还是维系着家庭，以便照顾我们的孩子或老迈的父母。

然而，今天，利己主义已经膨胀到如此地步，以至于没有任何东西可以控制它。我们不断尝试应对我们的利己主义，并且反复遭到失败。在某些地方，情况的确还没有那么严重。然而，随着全球性利己主义的全面爆发，所有的情况都将很快变得更加糟糕。

对这个问题的唯一解决之道就是要开始改正我们的本性—改正我们的利己主义。如果我们对利己主义不进行任何改正的话，我们

将全部堕入毒品滥用或自杀的境地，或遭遇全球恐怖主义的暴力。我们当然不再想要养育小孩或抚养家庭，这种趋势已经到处在显现。即使没有生态性的大灾难发生，我们也会堕落到混乱与自我毁灭的境地。我们目前的状况要求我们责问自己，我们到底在为什么活着？是否存在走出我们的困境的道路？

这正是卡巴拉智慧要告诉我们的。不同时代的卡巴拉学家都描写了到我们这一代的时候，卡巴拉将浮现出来帮助我们改正我们的本性。那样我们就能利用卡巴拉把我们提升到一个永恒、完美的存在的新层次。

5.3 个人命运和人类共同的命运

沙提诺瓦博士：卡巴拉对个人命运和人类共同的命运的解释是什么？我明白人与人之间团结的重要性，但卡巴拉是否针对每个个人的发展给予指引而无论别人的命运如何呢？

莱特曼导师：卡巴拉智慧专门促进个人成长。通过卡巴拉对教育的主张，我们可以证明它；卡巴拉坚信正确的教育完全靠个人的榜样来实现。强加于人的灌输方式毫无意义。

正确的培育建立在构建一个正确的、有效的环境的基础上，同时还必须提供好的个人榜样。人们会按照他们看到的榜样去行动，并根据他们个人发展的程度来学习榜样。因为在世界上的每个人都是独一无二的，所以我们必须根据他或她个人的能力而分别对待。

我们所有人都是同一个共同灵魂的碎片，我们每个人都拥有那个整体中独特唯一的部分。我们共同的灵魂中即使缺少一个碎片，它的结构都将会不完整，并且我们也将无法实现创造的目标。因此，我们必须珍惜每个人以及他的独特的个体部分。我们必须让每个人都以适合他们蓬勃成长的方式发展。

卡巴拉将一个恰当的社会生活和个人的、个体的进化发展区分开来。要维持社会，每个人当然必须要遵守这个社会已经设置的规则。但就个人成长而言，则必须完全尊重每一个体的独特性。卡巴拉很详细地解释了在个人成长和遵守社会规则之间应该如何互相交融，达到平衡，并指明了如何建设一个正确的社会，可以使其所有成员都以其独特的方式发展。

卡巴拉坚决反对西方国家对第三世界国家施加任何形式的文化或教育的强制。这样做对双方都有害。强制会毁坏这些民族的独特性，因为它不允许他们按照自己的步伐，并根据他们自己的规则和文化进化发展。这种情况正在人类社会中制造着一个真正的畸形，并正在产生悲惨性的结果。

5.4　正义者(Tzadik)

沙提诺瓦博士： 正义者(Tzadik)的性质是什么以及他的角色是什么？

莱特曼导师： 正义者(Tzadik)是指这样一种人，他或她在任何情况下，都证实着更高的力量的行为。正义者(Tzadik)证实着创造中的所有事情，因为他或她已经开始感知到整个的创造，不仅仅是我们的五官探知到的那一部分。正义者可以看到超越我们的五种感官的边界，并控制该领域的规则，这些规则影响我们的世界，创造出我们这个世界内的一切，控制着每一事件的开展，并最终引领我们达到创造者渴望实现的目标。

因此，一个正义者(Tzadik)很显然就是一个卡巴拉学家，他发现更高的世界，一个由力量构成的世界，有关我们这个世界的规划在那个层次上被制定，并从那里降落下来操控这个世界。

正义者(Tzadik)的品质对应着一个人已经到达的Tzadik的层

第一章 卡巴拉遭遇量子物理

次。卡巴拉解释说，我们在现实中所有能感知到的都遵守"形式等同"的原则，也就是"一致性原理"。

我们5种感官的每个感官都只能感知到现实的一个特定范围。例如，我们的听觉系统使我们能够听到某一范围的频率，而我们的眼睛可以看到一个很有限的颜色范围。如果我们有额外的感官，我们就能够以不同的方式感知现实，也许可以感知到其他的维度。

实际上，我们甚至无法想象，如果我们有其他感官，我们会如何感知现实。结果表明，正是我们的5种感官与它们所能感知的特定范围限制了我们对现实的感知。我们不能超越此局限。

然而，却存在一个方法，它允许我们去感知超越这个现实图像之外的世界，包括控制我们现实的我们称之为"更高的世界"的那些力量。我们能够感知到那些力量的方法同样建立在适用于我们目前对现实的感知的同样的原理，即"形式等同"的原理基础上。换言之，我们必须使我们自己与这些力量相匹配。

我们的任务是培养出更高世界的领域所具有的那些品质，那些领域管理着我们的世界。但是，在我们到达那些领域之前，我们却无法知道这些品质。因此，在这里，我们将借助那些已经达到"那里"的卡巴拉学家的帮助，由他们来教会我们如何获得这些品质。他们解释一个人如何通过特别的行为，可以开发出一个额外的、内部的感官，一个"灵魂"。使用这个感官，我们感知到以前被隐藏着的一个额外的现实。因此，卡巴拉又被称做是"隐藏的智慧"。

对隐藏的现实的感知使我们可以了解控制我们的程式，认识到它正带领我们走向哪个目标，以及它如何执行这些程式的方式。卡巴拉学家就处在那个现实中，并且是其中不可分割的一部分，他是维护并证明现实的正确性的一部分。处于那种状态的人被称为是一个正义者(Tzadik)，而这就是正义者(Tzadik)的特性。

51

对创造者行为的证实包括125个层级。对创造者的行为的完全认同发生在最后那个级别。每个人必须达到那个最终的级别。不断使我们在这个世界重复着生命和死亡的"循环"的那个过程,实际上就是为了使我们能够最终上升到这个更高的正义者的层次,就是变成完全证实创造者的一个正义者。

5.5 人类的痛苦

沙提诺瓦博士:我认为人们觉得最难以解释并理解的是人类痛苦这一主题。一方面,痛苦激发人们去寻找精神世界;另一方面,人们又很难去接受痛苦。卡巴拉如何解释痛苦呢?

莱特曼导师:这的确是给每一个人带来烦恼的一个问题。一方面,我们在讲一个仁慈的更高力量,但如果它是"更高的",就意味着它比我们更好。但为什么我们的世界却充满了痛苦和折磨。痛苦和折磨是否也来自这个力量?那里难道不止存在一个力量吗?如果还有其他的力量,它们是否在彼此交战吗?

沙提诺瓦博士:我指的痛苦,不止是哲学意义上痛苦的本质问题,也包含痛苦的实际方面。

莱特曼导师:现实由我们享乐的愿望组成,而且正是快乐构成了这个愿望去运行的动机。快乐和接受快乐的愿望,是现实中所有层次上仅有的两个组成部分。在卡巴拉术语中,我们把它们称为"光和容器(Kli)"。

当快乐缺失时,它产生出一种渴望快乐的感觉。但有时这个快乐的缺失感过于强烈就会形成痛苦的感觉。因为一切事物都由一个特定程度和品质的接受快乐的愿望所组成,所以,当快乐不存在时,一切事物都同时遭受痛苦,包括在矿物、植物、动物和人类等各个层面。

事实上，痛苦是推动一个创造物从其目前的状态移动到下一个状态的必要的感觉。没有痛苦，就不会有运动。事实上，运动意味着我目前的状态是不理想的，所以，我决定移动，并相信我在另一个状态可以变得更好。痛苦使我们付出必要的努力以移向一个似乎更好的状态。因此，没有痛苦，进步是不可能的。

更高的力量，除了通过用痛苦促进我们达到更好的状态之外，没有其他方法。如果它把我们创造成一个沉溺于快乐的愿望的利己主义者的话，那么，唯一能够将我们从一个状态移动到另一个状态的方法就是通过一种痛苦的感觉。

但是，我们仍然需要解释为什么如今我们遭受的痛苦比以前多了很多。这是因为创造的目的是为了使人类在现实中到达最高的层次。

到达这一目标的唯一方法是用一个巨大的驱动力来推动它，或换一种方式表达—即通过最大的痛苦来推动它。这不一定涉及肉体上的痛苦。今天，我们似乎拥有一切，但我们始终觉得一直缺少一些什么，感到越来越空虚，而这种空虚的感觉正是最大程度的痛苦。

为了推动我们前进，使我们突破这个世界的边界，并开始探求更高的东西，我们必须遭受痛苦。我们必须在最深的层面感觉到痛苦，以使我们能够去要求与此痛苦相对立的最高的状态。那个对立于这个世界的存在的崇高状态就是我们所说的精神世界。因此，我们所指的痛苦，也必须是精神的，而不是物质的。

在精神的痛苦中，一个人所遭受的痛苦不是由于世俗满足的缺乏造成的。尽管世俗的满足依然存在，但它们已不再提供一种生存着的感觉，甚至不提供一种正在活着的感觉。那些为缺乏一种"活着的感觉"而懊悔的人，将拥有要求超越这个人生的某种东西的力量。

因此，我们在不久的将来不会看到一个幸福满足的人类。恰恰相反，痛苦会加剧，并将更多地呈现出更加精神的形式。对精神满足的缺乏感会超过任何物质的丰裕带来的满足感。我们将不会感到快乐，也不会有什么令我们满意。抑郁症将蔓延遍布世界各地，这种痛苦的感觉不会允许我们安谧地生存在我们的世界中。

这种窘迫的结果将会加剧各种冲突、恐怖活动，导致各种不同的心理和精神问题的爆发。这些情况特别会发生在物质财富极大丰富的背景下，表明在这个世界中，我们真正缺乏的不是物质的生存必须品，而是缺乏生命活力的感觉。这正是卡巴拉解释的摆在我们面前的下一步发展的进程。

面对这项挑战的方法是利用卡巴拉去了解痛苦的来源。这将使痛苦感缓和，因为我们会看到原来痛苦有它存在的理由。这将使我们能够在我们陷入真正的苦难之前，就开始我们的改正。这就是为什么我们这么努力地工作，就是为了预防苦难的发生，而不是等苦难来了之后的救治，预防意味着让人类在深陷苦难之前就觉醒，并认识卡巴拉智慧，从而借助卡巴拉避免大的灾难和毁灭。

如果我们能对卡巴拉在总体上对死亡的看法有一个了解的话，或许理解卡巴拉概念和痛苦的目的会变得更容易一些。下面是卡巴拉如何描述死亡的：我们都是组成同一个共同的精神容器(Kli)—即Adam ha Rishon(亚当，第一个人)的所有的个体部分。亚当的灵魂分裂成数以10亿计的灵魂，并降落到这个世界。这个世界有无数的身体，每个身体都有属于自己那部分的灵魂。创造的目标就是使每个人都重新返回到在亚当这个共同灵魂中的同样的根源，因为每个人都是从那个共同根源中降落下来的。

当我们第一次来到这个世界时，我们的灵魂都只不过是一个"点"。如果生存在这个世界上时，我们不从这个点开始构建一个

精神容器(Kli)的话，如果我们的灵魂就那样返回到自己的根源亚当的话，就像种子没有发芽，仍然是没有意识和没有生命的一个点。用不同的方式表达就是说，在我们身体死亡之后，我们的灵魂还是感觉不到自己的存在，直到我们的灵魂再次回到这个世界上，又穿在另一个新的肉身之中。

但是，如果我们通过利他主义的意图将这个点培育成为一个精神容器(Kli)，那个容器(Kli)将在我们的肉身死亡之后继续保留下来，因为我们在还生存于这个世界的时候，就已经开始感觉到更高的力量。这样，即使我们的肉身消失，这种与更高的力量之间的连接将会继续保留，因为它不属于我们生物学意义上的身体的一部分。

这个精神的容器(Kli)可感知到存在于我们外部的东西，而不受我们天然感官的感知局限的限制。一旦我们存在于我们自己的外部，物质身体的生与死就不会影响到灵魂将如何去感知。因此，我们不会像在这个世界上如此强烈地感觉到生与死，因为精神的感觉是保持完整不变的。更准确地说，最终我们必须超越这种生物学意义上身体的生与死之间的生死轮回，到达一种完全不会受到它的影响的程度。

6 量子理论

(以下是2005年4月Jeffrey Satinover博士在以色列卡巴拉国际会议上的演讲)

此演讲将着重讨论一个被认为是"尖端科学"的领域,但是,它与卡巴拉相比,其实又很原始。想像一下,一个不知道坚果是什么样子的人,突然发现一个坚果壳。他花了很长的时间对它进行研究,先假定它是一个完全没有生命的东西。最后,经过长期的多年艰辛的研究,他检验了坚果壳内部的复杂结构,并得出结论,这一定是蕴涵着一个生命体的坚果壳,在其中有可能包含一个生机勃勃的、不断演变发展的有机体,而这个生命并不是这个壳本身。

就像这个人一样,现代科学已成功地研究物质世界几百年,一直都假设这个世界就是整个的现实,而且前提是物质世界是一个没有生命的实体,除了它之外,没有别的任何东西。科学最近认为,如果我们精心测试纯粹的物质世界,我们将能够找到细微的证据证实:物质世界只不过是一个在其中涵盖着一个生命实体的外壳而已。

让我尝试来解释为什么确切地说现代量子理论在某种意义上是一种"边界科学"。在学术界,围绕量子理论有着一个广泛的讨论,因此我只会表达我认为是正确的想法。我同样建议你们对这个主题亲自进行研究,了解其他研究人员的发现,然后得出你们自己的结论。

我想强调的是量子力学与现代科学不谈论任何有关卡巴拉或精神世界的事情。但是,他们确实承认物质世界不是世界的尽头。他们

已经证明超越物质世界之外确有某种东西存在，但他们对其本质却什么也说不出来。我认为准确阐明这一点极其重要。

我们所有的知识，结合强大的量子理论及其对物质世界的推论，使我们推断出两件事：

(1) 在物质世界之外一定存在某种东西；
(2) 我们完全不知道那个"某种东西"的任何事情，也没有办法通过科学来研究它。

我们通常要求科学担当研究精神领域的一个工具。但最优秀的科学家已经意识到这是不可能的。科学可以作为一种理性的工具带领我们发现到有某种其他东西存在。用卡巴拉术语表达，它可以是引导我们知道那个心里之点的工具。量子力学中最深奥的数学可以是一种使我们能够认知到那个心里之点的存在的工具。但科学却无法超越其自身的局限到达那一点。

* * *

让我给你们对量子理论做一简明扼要的介绍。我不会使用复杂的数学，我只会引用可能以前你们听说过的术语。如果这些术语在以前并没有使你感觉到有什么意义，那我祝贺你，因为它们本来就不应该有意义。

古代的卡巴拉学家说到不可能去想象现实的真正本质。现代量子力学也得出一个非常相似的结论。想使用任何术语或图像正确地去理解物质现实的本质是不可能的。例如，你们许多人一定知道那个著名的论断，就是当你们正确理解物质时，你们了解到它是波的同时又是粒子。这是一种很流行的说法，也许你们正在想象一些关于它的事情，或正在建立一些心理方程式。

然而，事实上，这只不过是一串完全没有意义的符号。没有办法让它们听起来合乎逻辑。

57

我以前说过量子理论使我们了解当代科学的界限,而且它宣称在物质世界本身之外存在着"某种东西"。若要对此解释,我稍后将描述一种惊人的现象,其研究现在还在不断发展,它被称为"量子计算"。

此外,我将参考一个早在20世纪60年代由理查德·费耶曼所做的一个有趣的实验,它首次概念性地描述了这一现象,理查德·费耶曼(1918~1988)是二十世纪最伟大的物理学家之一、也是一位诺贝尔奖物理学奖项的得主。即使到今天,这个实验仍是对围绕量子力学的神秘的最简洁的说明。在这之后,这项实验被用不同类型的粒子替代进行了实施。我将会对这门科学为什么显示出科学的边界以及它为什么直接地表明超越物质世界的"某种东西"的存在做出我的解释。

几代以来,我们对科学的基本观点都与爱因斯坦的观点一致。爱因斯坦的观念仍在许多科学家之间盛行,它主张除了物质世界之外没有任何东西。因为大脑完全由物理粒子构成,任何特定的事件,也就是一个粒子与另一个粒子之间的相互作用,都可以完全用粒子的位置以及它们在前一时刻的运动来定义。相同的观点适用于物质世界的每一个事件,包括在我们的身体、头脑,我们的思想以及我们的互相联系等各个层面发生的事件。

换而言之,整个物理宇宙只不过是一个没有生命的机械装置,正沿着一个必然的轨迹展开。任何认为我们是属于我们自己的感觉,将我们自己感觉为有意识的感觉,感觉为人类的感觉,感觉在通过我们自己的意图的感觉,我们在这里所做的一切以及我们人类生活的其余部分,都只不过是一种幻觉。这里没有爱,没有恨,没有激情,也没有不满意。我们只是一堆随着时间的推移而展开的构造复杂、没有生命的粒子而已。

第一章 卡巴拉遭遇量子物理

我们在医学中的所有进展完全是建立在这一观点的基础上,而且,多亏了这个观点使它获得了成功。我们很多人也把我们的生命归功于它。这是个看来是很有说服力的观点,很难轻易被放弃。

然而,这项原则不仅残酷地攻击我们对自己的感知,而且也剥夺了我们探究生命的意义和目的的需要。无论如何,不管这可能多么使人恼怒,世界的一大部分都以这种机械的方式运作着。

许多当代哲学家认识到虽然这个观点给我们带来了极大的好处,但由它而产生的生命是毫无意义的信念却为人类造成了一个又一个令人震惊的破坏和打击。

例如,纳粹在许多领域毫不犹豫地应用这个观点,以至于他们同时成为非常有效率的杀手和科学家。通常,现代医学对人的态度是冰冷与残忍的,也主要源于生命没有任何意义的观点导致的效率。

计算机科学是在这种机械的世界观的基础上,通过极端的数学式蒸馏和机械式交互关系的逻辑分解的结果。现代计算机科学的科学基础来自于一个物理实体可以同时存在于几个不同状态的概念。计算机是由基于"比特"的部件构成的,并且包含大量的这些组件。一个"比特"是一个可以存在于两种状态之一的物理实体。

现代量子力学允许一种具有深远影响的现象存在。它主张物理实体可以同时存在于两种状态中。你只要暂时相信我一会儿,这样的事确实存在。这意味着,如果一个标准的计算机可以在N个状态中存在,那么量子计算机在同一时间上可以存在于2^n个状态之中。

在耶鲁大学实验室,我们已经建造了一个包含有四百个此类组件的设备。这看起来好像是一个相对较小的数字,但这种装置可产生2^{400}比特的记忆体。这是一个如此巨大的数字,我们甚至无法想象它。因此,我们正在谈论的是建设这种具有超级能力、简直能够

59

产生魔法的计算机。

那么一个物体可能同时存在于两种不同的状态中的这种假设是如何出现的呢？在这里，我们应该提及50年前由理查德·费耶曼进行的那个实验。假定有一个盛满水的水箱，里面有一个装置在上下移动。这个上下移动的动作从两个不同的源头产生出波浪，并使两个波浪在传播路径上产生交叉。最终，波浪的交叉将创建一个被称为"干涉纹"的图案模式(图8)。这种模式是交叉的两个波浪的路径的集合。它是一个非常著名的现象，而且我们可以很容易地计算出这些交叉点的位置。

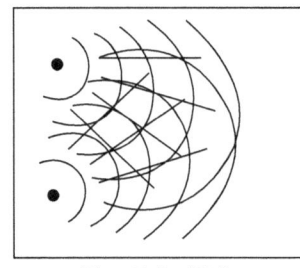

图8　波的干涉纹

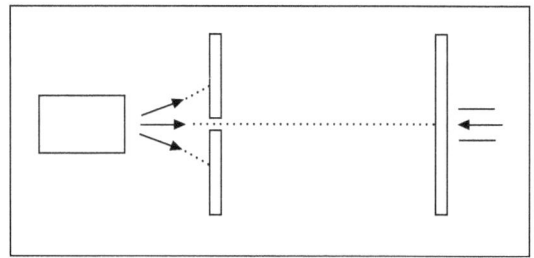

图9　单缝隙粒子实验

现在让我们想象一个类似的实验，但这次是粒子而不是波纹。想象一支粒子枪射出像子弹一样的离散粒子到一个屏幕上。如果我们在这把粒子枪与屏幕之间放置一块中间带有一个微小缝隙的分隔屏，然后向屏幕发射粒子，那么，仅仅呈一细长条的粒子束会穿过缝隙到达屏幕。结果是，这些粒子始终在那些可预测的特定的位置点上出现(图9)。

如果我们对实验做点小小改变，在中间的分隔屏上开出两条缝隙而不是一条，我们会预料粒子会到达屏幕上的两个明显的不同位置点，正如只有一个缝隙时粒子穿过它后到达屏幕上一个明显的位置点一样。然而，如果我们的实验过程正确，也就是在粒子大小和缝隙的大小之间比例合适的话，实验结果将大不相同。我们会发现这些粒子会沿着整个屏幕出现,而不是只出现在预期的两个位置点上。

结果是,粒子在整个屏幕上以及同时在两个方向上的无法预定的位置上有规律的出现。每个位置点的粒子的数量会有所不同,离中央位置越近,粒子出现的密度越高,离中心越远密度逐渐降低。显示在每个位置点的粒子的数量比例会形成一个波的模式(图10)。这样一来,可以说量子粒子既是波,同时又是粒子。

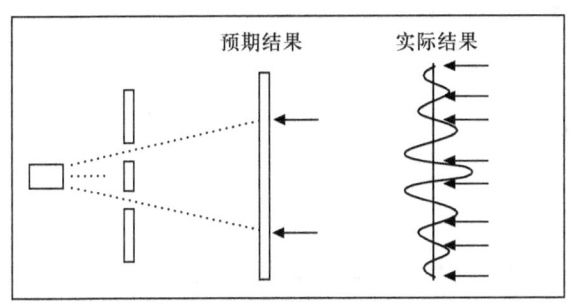

图10 双缝隙粒子实验

这带来了一个问题:"波是什么?"为了简述这如何操作,我会首先以一个不太精确的方式解释一下,随后更正该不精确性。一个波是沿着屏幕,在某一特定点上,找到一个粒子的概率的分区。实际上,该粒子枪发射出一个"移动的概率波",也就是某一个特定粒子会在某一特定位置出现的可能性(概率)。

现在让我纠正自己,当我们测量出现在屏幕上的每个点的粒子数量的数字时,我们得到一个不完全与"移动的概率波"一致的数学结果。相反,它是概率的平方根。

事实上,一些平方根是负数。在现实世界中,事情会发生的概率可以在0和1之间的任意位置,但它不可能为负数。换言之,这个在空间扩展的"东西"并不存在于物质世界中,但它却仍然产生了一个影响。

61

即使我们每周只发射一个粒子，概率分布图样仍然和我们上面提到的两个波浪的干涉图案一样。实际上，即使我们发射一个单颗粒子，然后拆除设备，在一年后把它放回，再发射另一个颗粒子，我们还是得到完全相同的结果(图11)。

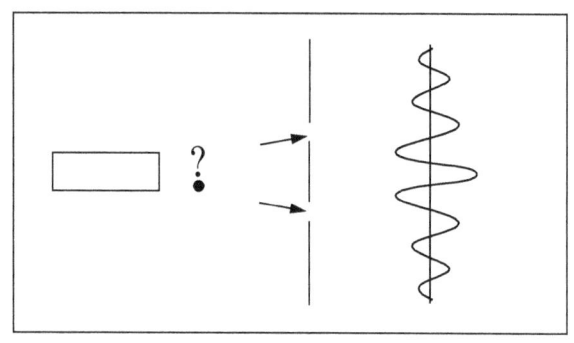

图11　双缝隙粒子实验

这种概率图样的生成是绝对机械式地精确的。使人震惊的是它似乎超越时间和空间。这种现象的结构是在完美的机制中被预先安排好的，其数学精度是如此的完美，今天，这种现象正在协助我们建造令人惊叹的精确计算设备。

如果我们只发射一颗粒子，我们也许完全能够用准确的数学精度预测出该粒子打在屏幕上的一个特定点的概率。但是，量子力学认为，而且这也是我的主要观点，在物理宇宙中，没有任何东西可以精确地确定该粒子将命中哪里。

也就是说，当你们在观看数以百万计的粒子时，这些物质是被绝对的数学确定性决定好的。但是，每一个特定粒子降落的特定位置却无法用物理宇宙中的任何东西来定义。

结果是，一些最伟大的物理学家推断出：在我们的宇宙中有一个决定性的因素，它正如我们想的那样，对宇宙精确地操控着。但是，也存在一个未知的作用因子，被微妙地编织在这个宇宙的机理中,它并不干扰宇宙的这种机械式展开。这就是为什么对一个没有足够敏锐度去观察事物的人来说,一切看上去好像都是机械的。

然而,如果我们非常仔细谨慎地观察,我们就会发现,在宇宙中,任何特定事物的展开,都受到一个不属于这个宇宙的某种东西的影响。此外,由于这个理论本身需要一个本质上超越宇宙的元素,这给我们留下了一个边界。

这就是为什么一些物理学家宣称量子物理学是一门边界科学的原因,它是一门在研究物质宇宙的同时指出人类能够到达的边界的科学。换言之,这些物理学家断言超出该科学边界之外存在着某种东西,但这些东西却永远无法被科学识别。

7
量子理论的可靠性

任何理论都可能被证明是错的。量子理论也一样，它只是一个理论，也可能被证明是错的。此外，即使是在今天，仍然有科学家认为它是错误的，并正在寻找替代理论。

在科学世界，一种理论兴起取代另一种理论是很平常的事情。然而，在这里需要做出一个微妙的甄别。让我通过比较牛顿的理论与爱因斯坦的相对论来对此加以解释。首先，让我们假设有一根在空间中移动的棍子，根据爱因斯坦的理论，如果我们能使棍子移动得足够快的话，它将开始收缩。但根据牛顿理论，无论速度如何，这根棍子都将保持原样。因此，我们有两个相互对抗的理论。

有些人会说，牛顿的理论是完全错误的，而爱因斯坦的理论是正确的。确实，如果我们只从表面上看这个问题，这是一个正确的陈述。但是，事实的真相是这个陈述本身是错误的。

在这两种理论之间做出判断的准确方法应该是这样的，即牛顿的理论是爱因斯坦理论的一种边界情况。这意味着，在最熟悉的通常情况下，那根棍子几乎不可能移动那么快，以至于我们根本看不到它在缩小。因此，在大多数的情况下，牛顿的解释是正确的。

但爱因斯坦的理论在更广泛的意义上是正确的。不仅对于通常熟悉的速度它是正确的，如果我们真能加速到如此快的速度，它也是正确的，我们确实可以看到棍子的收缩。

如果科学发现一个新的理论指出，今天通过量子力学所描绘的现实是一种边界情况，那么我们已经说过的有关量子理论的所有事

情仍然是正确的。如果你说它不对,那么你必须证明它是完全地并从本质上就是错误的。这种可能性在理论上始终存在,但量子力学到如今已经被证实其本身在科学史上是最成功的科学理论,到目前为止,它比任何一种其他的理论都通过了更为严苛的检验。因此,从根本上否定它是极其不可能的。

* * *

作为它的起源,科学是根据一种宗教的世界观发展出来的,这种世界观,将这个世界看成是一个有生命的实体,是由不同的诸如幽灵和魔鬼的精神力量操纵的。之后到来的现代机械论科学判定以前的理论是一个完全的谬误,并发展到通过利用物理和化学的机械论原则可以更好地了解这个世界。

机械科学观认定没有幽灵和魔鬼存在于物质当中,并操纵物质。相反,它主张物质是由因果决定的。化学反应并不遵从炼金术的幻想而发生,而是通过可定量化的化学反应产生,这些反应可以通过数学公式机械式地被控制。

这种机械论的观点使我们在了解物质及其运行规律方面取得了巨大的进步。它也导致产生了众多的技术创新,并且已使我们受益多年。正如我们前面所说的,现代医学就是完全建立在这种机械世界观的基础上的。

直到20世纪30年代,主流的观念认为,生物学不同于所有其他的学科。人们相信,即使一个生物体是由化学物质组成的,但无论如何,它还是受一个不单纯是物质的生命实体操纵运行着。

但是,当代生物学的发展演化却是发生在决定放弃那个生命实体的想法之后才蓬勃发展起来的。这个新观念盛行后,那些坚持支持旧概念的教授都被大学驱逐出去。因此,现代基因工程、分子生

物学和药理学等,都是通过把有生命的生物系统全部降格为纯粹的复杂机器的这种无生命的机械世界观而取得进展的。

关于物理学与其他科学的关系有一个非常有趣的观点:所有的科学—包括化学、生物学、动物学、人类学、社会学和其他每门科学—都根据科学之冠—物理学的机械世界观建立了它们的模型。实际上,这个过程今天仍在继续。

在世界各地的许多大学,各种不同的科学还没有使它们的模型适应于十九世纪的物理模型。问题是现代物理学已经放弃了这些模型。然而甚至是研究最微观对象的分子生物学,也还没有转向量子革命已经铺就的道路上来发展。

大约一年前,我在法国图卢兹大学生物系讲了一堂课。连系主任都还没有意识到这样的一个事实,也就是说,为了了解蛋白质的进化过程,需要将量子效应的因素考虑进来,而这就是为什么现在对蛋白质的进化不能从经典力学的角度被理解的原因。这仅仅是一个例子,表明即使生物化学这样的"基础"科学都还没有把量子力学的内涵内在地运用到其研究中。

即使在自己的大本营物理中,绝大多数的物理学家到目前为止,也还没有彻底掌握这一发现的内涵,也就是说:物理宇宙中各种事件的展开,并不完全由物理宇宙中的先前事件所决定。这一概念还继续在世界各地盛行的科学世界观中产生着震撼作用。

我们正处在一个进展缓慢的概念革命的过程中。越来越多的物理学家、生物物理学家和生物分子学家,正在开始了解量子力学的影响。不过,只有极少数科学家已经认识到量子效应在生物有机体的进化过程中的作用。当这些科学家开始面对这个概念性的变革时,有些科学家抓住了这个影响深远的内涵,也就是机械的世界观已经过时,某些东西已经来替换它。

至于我个人的观点，我想说，当我还是一个年轻人时，我就觉得在物质世界的奥秘中隐藏着一个更深层的奥秘。即使在我知道量子物理是研究什么的科学之前，我认为如果研究进入到足够的深度的话，会将我引向精神世界。此外，我总是本能地被卡巴拉吸引。不管什么时侯，每当我不经意间碰到它纯粹的形式，我都感觉得到它向我们呈现了一个内在的、固有的真相。

卡巴拉智慧的本质

1
努力趋向平衡

当我们还是孩子时,我们很多人相信这个世界充满了各种各样的力量,比如童话故事中的鬼怪精灵。随着我们长大,我们逐渐放弃了这样的信念,但现在我们又再一次仍然觉得这些力量好像真的存在。

实际上这是因为我们每一刻都在寻找事物的真相。我们想要知道我们生活的世界,因为如果我们一天不弄清楚,我们将永远无法从不确定的感觉中解放出来,以便能够平和并自信地生活在这个世界上。我们都对我们生活的这个世界感到好奇并想了解它以改善我们的生存状态。这种好奇心唤起我们的一系列的问题比如:"我是谁?""我在哪里?""我将变为什么?"等等。这类问题激励我们努力去探索我们所生活的现实。

现实被分为两个部分:人类以及他或她周围的环境。一些人声称,我们只应研究自己而且只需要改变我们自己,并断言通过这样做,我们将获得内心的宁静,并会更加积极地面对世界。但是,另外一些人则说,我们应该保持我们应有的状态,充分利用这个世界带到我们面前的东西,并改变这个世界以满足我们的需要。不论哪种方式,看上去都没有令我们的生活运转得很好。

使我们能够与世界和平相处的最佳状态是与它处于平衡的状态。如果每个人都理解我,并且想要的也完全是我想要的,那将是一种平衡的状态。没有什么状态能比与世界保持平衡的感觉更完美

的了。这只能用一个在母亲子宫中的胎儿来比较:对胎儿来说,存在的一切都只是为了关心它,没有设立任何防御的需要。

科学将那种状态称为"动态平衡"(homeostasis)。在希腊语中,homo是相同或相似的意思,而stasis在希腊语中是状态的意思。这是现实中的每个物体都在努力去到达的一种状态。

生物、物理、化学的定律已经解释了任何事物运动的唯一原因,不论它是静止层面的,植物层面的,动物层面的,还是我们人类说话层面的,都是为了实现和其周围环境之间处于平衡的渴望。作为人类,对我们而言,要想与我们的环境保持平衡,我们必须了解我们周围世界的本质,以及我们如何才可以与它等同而获得均衡。

只有那时,我们才会知道怎样到达这样一种状态:每个人都想要我们想要的、思想着和我相同的思想,并对其他人不怀有任何怨恨。那样,一切都将在平安和爱中展开。这正是卡巴拉存在的目的,它教导我们如何在全人类中、在人类与自然之间获得和平。

我们对世界和对我们自己的探索,都是由科学研究承载着。遗憾的是,科学技术的进步并没有使我们快乐。尽管我们所有的努力都是为了到达一个宁静、完美、幸福的状态,但我们的现实却变得越来越严峻,而且威胁也变得与日俱增。

但如果我们都是在为求得最好的状态而努力,那为什么还会存在种种问题呢?答案是这些问题之所以存在,是因为我们不知道那个总体的现实是什么,它如何运转,它的结构或者它如何作用于我们。我们不知道我们必须与什么东西获得等同。

看起来,尽管我们对物质的探索越来越深入,尽管我们越来越努力地去了解我们自己的本性和外面的世界的本质,然而我们却还是看不懂自然到底想从我们这里要什么,它存在的原因是什么,以及自然中的每个元素的目的又是什么。

一些研究人员探索物质的外层，其他人则深入研究它的内部结构，并一直深入到研究分子水平和原子及亚原子粒子之间的关系。最先进的研究人员声称，在某些特定的水平，物质开始变得难以捉摸，并且从这一点开始，他们不知道会发生什么。然而，他们未能了解亚原子背后的存在的原因不是由于他们缺乏更复杂精密的研究工具，而是人类本身就缺乏完全认知现实的能力。

当我们完全依靠我们的五官时，我们觉得我们可以对现实任意地做我们想做的。不过，一旦我们进入精神世界，我们才明白，事实上正相反，是现实在对我们做它所想做的一切。在精神世界的某一层次或者更高处，我们开始明白，我们才是创造出我们自己的现实的人。换言之，我们认识到的现实只不过是对我们自己的自我的一种投射。

这正是当代研究者所描述的最后的层次。他们宣称，在某些特定的边界之外，我们没有能力去感知。这个位于我们可感知到的物质世界与在边界之外的那个存在的分界点正是科学和卡巴拉之间的交会点。

卡巴拉解释说：存在着一种研究的模式，使得我们能够穿透到那些"原因的层面"。通过运用这种模式，人们可以确切地了解这个世界为什么存在、它想要从我们这里得到什么，以及我们如何能够获得同它的平衡，也就是处于一种我们体验为和平与宁静的平衡状态。那些已经研究过该领域的人被称为卡巴拉学家，他们的著作描述了他们研究的结果。

卡巴拉学家说，超越可见的物质之上，存在着的是自然的意志和精妙思维，它环绕着整个的现实。这个自然的意志和精妙思维设定了现实的疆界，监护着它，并操控着它，为了使它受益。此外，这些自然的意志和精妙思维也确立了现实运行的总体法则。换言之，这个现实的总体法则就是绝对的给予，而且，在现实中的所有事物都必须与这个法则获得等同，与它实现平衡。

卡巴拉智慧帮助我们认知到自然对我们真实的态度并感觉到这种态度。这样一来，我们就能够用同样的态度对待自然，并由此与自然获得等同，实现平衡。

那些揭示真正的现实的不同层次被称为各个"世界"。正如科学家用显微镜深入研究材料的结构，或用望远镜探测外太空一样，卡巴拉学家通过运用卡巴拉智慧来穿透并研究那个围绕着现实的思想。

我们在现实的研究中取得的每一步进展都是一个真正的探险。我们能够开始感觉到我们的过去和未来，并发现时间实际上并不真正存在。也就是说，事实上所有一切都已经存在着。卡巴拉学家能够在我们现在所感知的时间中穿梭，并且超越现在的状态回归过去或步入未来。

那些可以进行这样的"时间跨越"的人被称为"先知"。他们不是想象或预测未来，而只是仅仅比我们前进了几个层次到达了现实中一个特定的层次，而这个层次，是所有其他人类在将来某一天都会到达的。他们"从那里"对我们讲话，并告诉我们，他们在他们"当前的时间"感觉到了什么。他们能够很容易地成为伟大的历史学家，回归到人类曾经历过的状态，再次体验它，并告诉我们有关它们的事。

在卡巴拉著作中，我们经常可以发现这样的描述，描写一些在他们的时代之前发生的事件，比如亚伯拉罕从一个地方漫游到另一个地方，与人们相见，人们学习他所说的话与他所做的事。要知道这一切，卡巴拉研究人员必须回到亚伯拉罕的时间，并到达亚伯拉罕曾经到达的那同一个状态，也就是某个特定的层次，并通过完全身处其中来告诉我们，他们所感知到的那个现实状态。一个卡巴拉

学家可以收集那时的印象,并将它们传递给我们。

巴拉苏拉姆(Baal HaSulam)对它进行了如下描述:

但是,由于那些人到达了亚伯拉罕或其他任何人曾经到达的那个层次,所以他们看到并了解亚伯拉罕的所见所知。正因如此,他们知道亚伯拉罕会说什么,同样地,我们其他的先知在解释摩西五经(Torah)的经文时,也表达了同样的说法。所有这些都是因为他们也达成了那个同样的层次,而且,在精神世界的每一个层次都是一个现实。他们每一个人都看到同一个现实,正如所有到了英国伦敦的人看到和感受到在这同一座城市中有什么以及有关该城市的事情那样。

——巴拉苏拉姆(Baal HaSulam),*Shamati*《我听到的》,第98篇:精神世界永远不会丢失。

除了拥有在时间中漫步的能力之外,卡巴拉学家也在现实中发现其他的力量。传说中对幽灵、鬼怪和天使的描述并不是巧合。尽管它们实际上同我们目前对它们的描述具有非常不同的含义,但这些力量确实存在。对自然有着深入研究的卡巴拉学家开始看到控制自然这一切的力量,连接到它们,并利用它们同时为自己和全人类造福。

获得对现实的研究的许可确实需要付出一定的艰辛努力,但它的迷人魅力也同时扑捉,并占据着一个人所有的内在生活,并为一个人提供完全的满足。一个研究现实的人会发现,我们存在的理由,知道我们所有人都要到哪里去,并了解我们遭遇的各种问题的原因所在。

因此,卡巴拉不只是简单意义上的理论科学研究。它更是一种实用的方法,用于帮助我们顺利度过我们生活的每一刻。通过卡巴拉,一个人可以发现未来、过去,发现在许多次的生命轮回之前自己最初下降到这个世界时的特性,以及一个人仍然需要继续跨越的人生旅程。

一个人一旦可以看到维系着生命的绳子的两端,人们就知道该

做什么以及如何做得最好。卡巴拉学家还可以在任何给定的时刻看到控制着他们的力量,比如为什么一个人应该嫁给一个特定的人,或者为什么自己的孩子是这样或那样的。所有这些细节都是预定好的。事实上,在今天,甚至科学也确认这些信息在基因中都是被确定好了的。

有一个很著名的故事描写了一对双胞胎,他们在很小的时候就离开了对方,并从此失去联系。30年后他们才重新团聚,他们发现双方都从事着相同的职业,他们的妻子有着相同的名字,他们给子女也取了相同的名字,甚至他们住的房子也有着同样的街道号码。事情就是以这种方式展开,因为我们内在的信息定义了一切将发生的,我们要经历的每一种状态。

卡巴拉把这些指引我们生命历程、在我们内部事先设定好的程序,称为精神基因(Reshimot)。Reshimot存在于每一个人的内部,而且一个人经历的每一种状态的目的都是为了教给我们一些东西,以便促进我们向着实现最终目标的方向前进。

如果我们知道控制我们的力量和我们的内部结构,我们就能为每一个未来的状态做好准备。如果我们知道如何与现实的总体法则保持平衡的话,现实也将会以另外一种同现在的状态完全相反的状态呈现在我们面前。

卡巴拉智慧并没有停留在仅仅以一种科学的方式教给我们有关现实的知识,使得我们可以卖弄一些有关更高世界的"居民"等大道理。更确切地说,它教导我们如何在每一时刻控制我们的命运。所有的力量和给我们造成压力的事件都是为了帮助我们成为引领我们自己的现实的领导。"成为现实的领导"意味着我们每时每刻都使自己与现实保持平衡。因此,我们的任务就是发现"处于平衡状态"的真正内涵是什么。

75

2

现实的结构

在其存在的整个历史中，人类一直都在利用自己的五官探究我们生活在其中的这个现实，并且，通过收集整理各种发现，形成了各门科学。科学与人类知识的积累的目的，都是为了改善我们的生活，帮助我们更有效地利用我们生活在其中的这个世界。

与所有其他科学不同的是，卡巴拉智慧研究普通人无法理解的一个存在的领域。若要对这个领域进行研究，一个人必须配备另一个可以感知到那个"更高世界"的感官。通过这样一个额外的感知能力，一个人就可以收集有关更高世界的信息，并通过它进行实际体验。像任何普通的科学家一样，卡巴拉学家可以记录对各种动作的各种反应。卡巴拉学家是那些探索更高世界的研究人员，为此他们已经记录了他们几千年来的研究结果。他们的研究结果的集合就构成了卡巴拉智慧。

卡巴拉智慧描写了起源于创造者，并通过所有更高的世界一直下降到我们的这个世界的那些行为。它也讲述了它们是如何扩展到物质的现实世界的，使我们全都可以用我们的普通的五官去感知到它们。

我们的这个世界只是更高世界的一个结果。因此，卡巴拉智慧包含了更高的世界以及我们的世界的知识。更高的世界属于比我们的这个世界的存在形式更高的一个层次，在那里，时间、空间和运动都不存在，是一个只存在着抽象力量的世界。因此可以说，卡巴

第二章 卡巴拉智慧的本质

拉包含了所有的存在，就像它们都在我们的世界被表达的那样。

卡巴拉是一种帮助我们研究存在的所有状态的工具。这一系列的状态包括我们的灵魂穿在物质身体之前我们的状态、我们在这个世界的各个阶段的状态、以及我们的灵魂一旦离开身体，并返回到它们在更高世界的根源时我们的状态。

卡巴拉研究从创造者扩展到他创造的这个现实之间的所有事物，以及他引领一切到达他渴望实现的目标的所有过程。但卡巴拉却不研究创造者本身。

人类正在面临的危机和不断增长的无助感和空虚感，都表明卡巴拉智慧出现的时间已经到来。卡巴拉解释说：现实的目的就是为了将人类提升到一个与创造者相等的水平。人类下降到这个世界的目的就是为了使我们能够独立地上升到现实的最高层次—即创造者的层次。

当我们存在于这个世界并开始向创造者攀升时，我们把握着现实的两端，因为当我们以身体形态存在于我们的这个世界的同时，我们的灵魂却存在于创造者的层次。这正是我们存在的目的，这一切都是引领我们所有人朝向这一目标的创造者预先为我们设定好的。

当在这个世界我们的物质身体的轮回转世到达了最后的阶段，我们的灵魂将会达到创造者的层次。这一过程和现实中发生的任何其他一个渐进的过程都是类似的。从创造者的观点来看，创造过程的开始和它的结束处在同一点上。但是，虽然对于创造者来讲时间的概念并不存在，但对我们来讲，最后阶段的这个过程却持续了数千年时间，使我们有足够的时间去获取必须的观念和发展的品质。这些将帮助我们逐渐地变得越来越像创造者，并最终和创造者成为平等的伙伴。

这一过程本质上是一个逐步演变发展的过程。人类的进化发展过程就像一个水果的成熟过程，在未成熟的阶段，总是干涩和酸苦的，而成熟时则会变得甜美多汁。如果我们不知道水果的成熟过程，我们一定会错误地认为，这个酸涩的水果在成熟时一定会变成一个更酸涩的水果。但是因为我们一开始就知道这整个过程会有一个好的结尾，因而我们可以辩护这整个过程的正确性，我们会认为那个开始时的酸涩是正常的。因此，只有那些知道该过程将要到达的最后结果的人才能捍卫它的合理性；如果我们也能看到我们未来的那个状态，我们就会了解创造者的那些行为，并维护它们的正确性。

2.1 控制物质世界

研究现实的卡巴拉学家揭示出现实包括我们的世界和更高的世界。在所有世界中，最低的世界就是我们所处的物质世界，其余的世界都是精神世界。在精神世界中，没有像在物质世界中存在的这种物质形式。精神世界的物质只有愿望、力量和思想。

我们认为，我们可以控制我们的这个世界中发生的事件，但当我们上升到一个更高的层次，我们立即发现这些事件只不过是一个结果。它们是由更高的世界、更高的力量来操控的。因为我们还没有处在那些世界中，所以我们自己还无法控制它们。

如果我们想要根本地改变任何事情，我们必须超越我们自身，上升到一个更高的层次。在更高的层次上，那些准备工作在植入我们之前就已经被做好。只有在那些更高的层次上，我们才可能获得一定程度的了解和从根本上改变任何事情的能力。生活反复地证明我们根本没有控制任何东西，不仅如此，当我们意识到生命的确在飞逝之时，我们已经度过了我们的黄金年代。

尽管科学突飞猛进，技术越来越进步，人类对下一步如何进展却变得完全手足无措。我们处在一个可怕的状态，因为我们正处在离那个平衡状态最远的地方，所以直到我们在一个超越物质世界的更高层次上获得改变任何事情的知识和力量之前，我们不会有片刻的安宁。只有当我们上升到控制我们这个世界的那些力量和层次时，我们才可能到达长久以来渴望的平衡。

2.2 开启我们的双眼

现实的所有一切就是一个单一的、不变的给予的思想。卡巴拉学家将这种思想称做"创造的思想"。他们说其本质就是创造者想要给他的创造物带来利益的愿望。如果我们没有与这个涵盖一切的现实的思想取得一致的话，我们就与现实处于不平衡中，这种不平衡就使我们体验为各种痛苦。

当然，我们不会自然地感觉到这种不平衡。而且，即使我们感到这种不平衡，我们仍然发现很难理解它。但是如果我们能够看到这就是现实如何运行的方式的话，我们就可能会改变我们的行为方式。

因此，我们唯一的目标就是要开启我们的双眼，并看到现在的确就是这种情况。卡巴拉智慧将帮助我们看到它。当我们做到这一点时，我们一定会改变。

如果我可以看到某种东西可以改善我的处境，我会愿意以任何可能的方式追求它。而且，即使我必须付出某种东西带来改进，我也会付出，只要它能改善我存在的状态。因此，首要的难点是开启我们的双眼，以看清目前对我们隐藏着的到底是什么。

我们所有的进化状态都已经在创造的思想中预定好了，但前进的方式和步伐却完全取决于我们自己。事实上，即使今天我们都有可能跨越整个旅程，实现那个与创造的思想等同的目标。

2.3 在通往精神世界的阶梯上

"攀登更高世界的阶梯"是指精神世界的上升之路所汇集的所有洞悟和认知的一个通称,它包括一个人持续的内在的进步以及在每个时刻获得的那些新品质。

正如前面提到的,创造物是由一个接受快乐的愿望组成的。这个愿望被分成称之为"Aviut(厚度,愿望的强度)的5个层次"的5个基本部分。它们从根(Aviut0)到Aviut4递增。因此,Aviut这个术语被用来测量愿望的强度。

每个基本程度的Aviut又被分为5个子程度(sub-degrees),每一个子程度又被分成子子程度(sub-subdivisions)。因此,这个接受的愿望总共被分为125级,我们需要改正这些所有的程度。

愿望的改正意味着利用这个接受快乐的愿望给他人带来快乐。这样的利用方式被称为"给予"或"赠与"。创造者的品质就是"给予"的品质,从他那里扩展出来带给他的创造物的丰富就是他想给予他们的愿望的一种表达。

因此,改正人类只想给自己带来快乐的利己主义,把它转变为想要给予别人的利他主义,是层次上的一种提升。一个人每上升一个层次,就获取更多的给予的愿望,并相应地感觉到和创造者更加相似。伴随每一次上升,一个人越来越接近创造者的品质,并更接近生命的目的。这一过程会一直延续发展,直到一个人完全获得创造者的品质,变得与创造者完全相同。

为了使人类能够开始改正,创造者在创造出人类之前,先创造了这些世界和它们的不同层次。只有在这些完成后,人类才被创造出来,并下降到这个世界。从这里开始,我们人类必须重新攀回到我们的根源。因此,卡巴拉研究两个次序:一个是"从上向下"的次序,它是关于各个世界和它们的不同层次的降落;另一个是"自

下往上"的次序,它是关于灵魂反向顺着降落下来的次序,层层上升,并经过降落下来时那个同样的层次的攀升。

从创造者那里起源的各个世界分别是Ein Sof,Adam Kadmon,Atzilut,Beria,Yetzira,Assiya,直到最后,才是我们的这个世界(图12)。卡巴拉描述各个世界的创造以及一个灵魂是如何经过所有的世界一直降落到我们的这个世界的。在更高的世界和我们的这个世界之间有一个"壁垒",将精神世界和我们的物质世界分隔开。

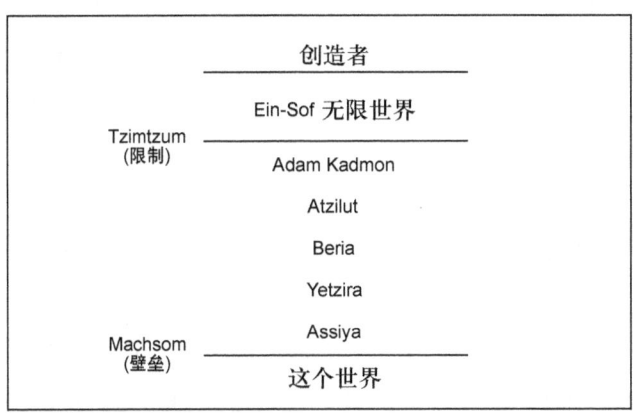

图12 无限世界和这个世界之间存在的各个世界(创造者对创造物的隐藏)

在壁垒之下,身体和灵魂都处于这个世界的层次,我们在这一层次开始我们的改正过程。从这个世界开始,灵魂通过不断积累有关精神世界的现实的知识并开始逐渐上升,依次穿越Assiya,Yetzira,Beria,Atzilut和Adam Kadmon 5个世界,最终回到Ein Sof世界。在Ein Sof世界,灵魂在一个被称为Gmar Tikkun(改正的结束)的状态中与创造者完全重新结合。

卡巴拉智慧涵盖了在创造者之下的整个现实:所有世界及其中的一切事物,灵魂到达这个世界的降落过程和它重新向上攀升回其根源的过程。换言之,卡巴拉智慧包含了人类的所有状态和境况。

所有的世界，包括我们的这个世界，都是一个位于另一个的下方。因此，所有的世界都由相同的元素组成。"光"从创造者那里发出并贯穿所有的世界一直下降到这个世界。因此，每个在 Ein Sof 世界存在的元素同样也存在于所有其他的世界中。卡巴拉将这种关系定义为"根和枝"的关系：

因此，在现实中的任何事物，或在一个较低的世界中发生的任何现实事件，你都会在任何一个高于它的世界中找到与它相像的事物，这就好比池塘里的两滴水完全相同一样，它们被称为"根和枝"。这意味着在较低的世界中发现的事物被视为是在更高的世界中找到的该事物以枝的形式的表现，更高世界的事物是较低世界的同一事物的根，这就好像是那个在更高世界的事物在这个较低的世界中产生的印痕所形成的那样。

—巴拉苏拉姆(Baal HaSulam)，*The Essence of the Wisdom of Kabbalah*《卡巴拉智慧的本质》

因此，我们看到在这个世界中存在的每个元素和细节及其所有的连接同样存在于从 Ein Sof 到 Assiya 的所有更高的世界中。诸如宇宙、行星、地球，以及静止的、植物的、动物的和语言的层次上的一切事物，都可以在那些高于这个世界的所有更高世界中找到相对应的"根"事物。这个世界的元素和那些更高世界的元素之间只有一个区别：在更高的世界中，这些元素是力量，而在我们的这个世界中，它们却呈现为物质形态。

到达那些更高的世界，使得一个人能够看到控制这个世界中每样事物的那些力量。当我们到达更高的世界时，我们开始认识到那个世界的现实中的每个元素和其行为模式，以及导致每个元素的行为和其品质的原因。卡巴拉智慧促进我们上升到更高的世界，并使得一个人可以从上面来观察这个世界中每个对象的行为。

穿越那个壁垒是一个渐进的过程。怀着想要接近创造者的品质，即给予的品质，来学习卡巴拉，增强了一个人对精神世界的热

切渴望。在学习中，一个人对其存在的现实的敏锐的、深层的见解逐渐产生，开始感知到操控这个世界的物质的"后台"运作的行为和控制着这些可见的、可认知的物质的力量。

一个卡巴拉学家继续通过普通的五官感知到原先的同一个现实，但在第六感官的帮助下，他同时感知到超越五官的感知边界之外的那些力量。那个隐藏的现实变得越来越清晰，超越这个世界的画面之上的另一个现实的存在变得越来越清晰。

对精神世界的现实的揭示被划分为3个阶段，分别叫做怀孕期(Ibur)、婴儿期(Katnut)和成年期(Gadlut)。第个阶段，即怀孕期(Ibur)，我们可以看到我们的状态，但无法理解它。在第2个阶段婴儿期(Katnut)，我们知道正在发生的一些事情，但仍然不能独立自主地参与精神的行为。第3个阶段是成年期(Gadlut)，我们获得能够参与精神行为并且影响精神现实的力量和智慧。

在第3个阶段，我们开始支配来自更高世界的力量之流到达我们的世界，并再回升到更高的世界。作为个人，我们因而成为从上向下以及自下往上的力量之流的主动参与者和导管。在成年期(Gadlut)的状态，我们认识到我们是哪一部分，并作为各个世界之间的连接器而运作着，这是我们改正后的状态，而且每个人都必须到达它。

每个人都能够感觉各个世界中的事物和元素。我们需要的只是一种特殊的、微妙的感官，一种识别和感觉的能力。即使在这个世界，我们也能识别一个年幼的小孩、一个年轻人、一个成年人和一位科学家之间巨大的差异。卡巴拉的研究在我们内部不断产生新的见解和认知，最终引导我们获得对更高世界的感知。

从以上内容我们可以理解为什么卡巴拉包含了有关这个世界的所有教义和科学。如果没有正确的解释，我们可能会迷失，并认为

卡巴拉是一个关于奇迹与巫术的神秘教义。

有些人将它与犹太教相联系，但事实上，卡巴拉智慧与神秘主义、宗教或其他任何人为的幻想之间没有任何联系。卡巴拉智慧的只有一个目的：通过逐步地改正把人类带到与创造者等同的状态。

卡巴拉是人类用来改正自己的利己主义的一种成功的方法，这完全是因为它的著作是由那些已经改正好自己的卡巴拉学家所撰写的。人们想接近卡巴拉著作中所描述的那些状态的渴望使得那些状态"投射出一种改正的力量"到达这个人目前所处的状态。这种力量被称为"环绕之光"。它会改变一个人的品质，能够使人们通过在其内部逐步建立利他的品质，而感受到他们改正后的状态。

卡巴拉的研究集中在对Atzilut世界的研究上。Atzilut世界被称为"改正的世界"，它位于Parsa之上。它是一个被用以改正一个人而特别设计的系统，只要一个人想改正自己，就能够利用这个系统来实现。在Atzilut世界中，充满一个人改正后的灵魂的"光"，它以"环绕之光"的方式照耀在一个人目前的状态上，它是把一个人的本性从利己主义改正为利他主义的一种力量。这个环绕之"光"提升一个人的灵魂，使它经过所有的世界，最后返回其根源。因此，Ein Sof世界是最终的目标，而我们的这个世界则是这个返回过程的起点。人类品质的这种改进则被称为"在不同层次的所有世界中的攀升"。

卡巴拉是专门为那些探寻生命的目的和意义的人准备的，这些人不再满足于诸如性、财富、荣誉或知识等带来的世俗的快乐。当全人类都觉醒过来开始询问有关生命的目的和意义时，卡巴拉智慧就会浮现。卡巴拉学家将这一大众觉醒的时期的开端定在1995年，从那以后，向大众传播卡巴拉智慧成为一种必须。

2.4 真理的智慧中运用的4种语言

如前所述,卡巴拉学家研究的是超出一般人的感知能力的更高的世界。因此,卡巴拉学家对他们所达成的精神感知的描述只和更高的世界有关,但是,由于我们普通人不知道除了我们自己和物质世界之外,还存在着精神世界,所以我们很自然地把他们的描述当成是在描写我们的世界,这种现象被称为"物质化"。

当摩西五经(Torah)被写成的时候,以色列人都还处在一个精神的层次上。但在第二圣殿被毁灭之后,人们开始与精神世界分离,从那时起的两千多年后,摩西五经(Torah)中的故事看上去似乎变成了对历史事件或者道德行为准则的描述。

然而,事实并非如此。在这个世界上的每个元素都通过"根与枝"的连接关系,和所有其他精神世界中相同的元素连接着。基于以上原则,卡巴拉学家发展出一种语言,它依赖于我们自己的这个世界与更高世界之间的平行对应关系。在这种语言中,精神世界中事物的发生过程采用了与我们这个世界中相对应的枝的名称来加以描述。

卡巴拉使用4种不同的语言来解释我们如何可以到达创造者的程度以及我们如何能够将那个改正的力量吸引到我们身上,以使这个力量逆转我们,将我们的本性从利己主义变成利他主义。这些语言分别是《圣经》语言、律法语言、传说语言和卡巴拉语言。

巴拉苏拉姆(Baal HaSulam)在他的文章《卡巴拉智慧及其本质》一文中写道,真理的智慧有4种语言,卡巴拉智慧的本质和《圣经》的本质没有什么区别,都属于同样的真理的智慧。但是,律法、传说以及卡巴拉所运用的语言是最方便,也是最适合使用的。

这些语言间的不同之处在于其准确性。卡巴拉语言描述的更高世界的"根"和更低世界的"枝"之间的连接关系是最精准的。一

个人与自己在更高世界的"根"连接得越准确，其接受到的改正的力量就越强大。

卡巴拉语言中运用的术语，比如"世界"和"Sefirot"、图表和公式等，描绘的是并不存在于我们这个世界的东西。这种语言使它更容易避免混淆和物质化，并便于用一种清晰和有序的方法去进行研究。卡巴拉语言在本质上不同于其他语言，因为它用清晰、明确的方式，描述了创造的目的—使创造物和创造者相似，也就是将创造物的利己主义反转为创造者的利他主义。

目前卡巴拉主要的教材，是巴拉苏拉姆(Baal HaSulam)的6卷 *Talmud Eser Sefirot*《十个Sefirot的研究》，这是基于阿里(Ari)的著作写就的。在这部超过2000页的著作中，*Talmud Eser Sefirot*《十个Sefirot的研究》阐述了那些更高世界的结构，并辅以大量图表、术语表及问答等形式。在对这本书的介绍中，巴拉苏拉姆(Baal HaSulam)详细阐述了我们这一代使用卡巴拉语言优于其他语言的原因。

今天，人类已经发展到这个接受的愿望的最后一个发展阶段。这就是为什么到巴拉苏拉姆(Baal HaSulam)的时代，为了使得这一智慧可以适用于每一个人，他将阿里(Ari)的方法阐释得可以更适合于我们这代人的灵魂的结构—从而使得卡巴拉智慧能够为每个人所运用。

2.5 改变我自己

许多人错误地将犹太教与卡巴拉智慧联系在一起。事实上，卡巴拉和宗教之间有着根本的不同。宗教的目的是让人平静下来，如果我祈祷时，它培育一种希望，希望我的祈祷能够改变创造者对我的态度。

卡巴拉却采用了一种非常不同的方法："祈祷"（希伯来语：Tefila）一词的词根意思是"宣判"或者"审判"（希伯来语：Palal）。换言之，一个人审判自己、检验自己的品质和创造者之间的不同，并祈求接受来自更高世界的力量来改正自己的品质。

卡巴拉智慧解释说创造者是永远不变的。意思是说，他对他的创造物的态度是绝对的，不会改变的。也就是说，他是好的，而且只做好的，对好人对坏人都一样，没有分别。

每个人都由于自己与创造者——即更高的力量之间的距离，而不断地感到来自它的持续的压力，那压力的强弱与距离相对应。当一个人距离更高的力量越远时，感受的压力越大；而当一个人距离更高的力量越近时，压力则减轻。

虽然更高的力量采用了不同的手段将我们拉近它。它的目的始终只有一个，就是将每一个人都带向完美。如果我们希望变得更好，那是指我们必须改变自己。我们必须上升到一个更高的层次，在每次上升过程中，我们将觉得自己与创造者越来越接近，这样我们的灵魂将被充满，并感到满足。在我们的生活中没有其他方法可以来引发这种改变。

在整个历史中，人类一直都在乞求一种来自更高力量的变化，但那个变化却始终没有到来。更高的力量在等待着来自我们的改变。在我们通过卡巴拉智慧开始演变发展之前，我们的道路仍将充满苦难。各种打击一直从背后逼迫我们去寻找另一个看起来更好的地方。但是用不了多久，我们就会发现这个新的地方并不像开始想象的那样好。因此，我们不得不重新换一个地方，但同样的感觉不停地重复着。同样的故事，只是换了一个不同的版本。

但是，如果我们通过卡巴拉开始去发展，我们在改正后的状态将会"投射"到我们目前的状态上并"照亮"它。有了这个"光"

87

的照耀，我们将知道如何前进。如果我们开始知道正确的目标，我们将会很高兴被带到那里。而这也正是我们无意识地参与着的普通的人类进化和根据卡巴拉智慧实现的有意识的进化之间的区别。

今天，这个世界正在无意识的状态下发展，我们不了解它存在的理由。人类并不知道他们将被引领到何处，一个人为什么会出生、生长并死亡。卡巴拉智慧将开启我们智慧的眼睛，并指引我们通过达到创造者的程度来实现完美和达到永恒。

当我们开始使用卡巴拉智慧来审视我们处在现实中的位置时，我们发现创造者对我们的态度是有目的的。很显然要求创造者来改变他的态度是没有意义的。如果我们可以在"光"的帮助下向前进，我们的步伐将会超越苦难逼近我们的步伐，而且我们的进步也将越来越快。这正是学习卡巴拉能带给我们的整体的利益：加速精神进步以战胜痛苦。

在二十一世纪初的今天，人类正处在一个鸿沟的边缘：毒品在不断泛滥，绝望和对彻底毁灭的恐惧留给人类的选择只有一个：努力去逃离从背后一直驱策着我们的痛苦。

综上所述，我们可以清楚地看到，发现创造者对待我们的态度是有目的的这一点对我们至关重要。认识到创造者的这种态度，使得我们开始转向他，就像一个同行的旅行伙伴，向他请求帮助，从他那儿获得智慧和力量，以便尽快和他会合。对一个人这样的一种要求，创造者会在一瞬间给予那个人以答复。他将把更高的世界显露给我们，并教导我们如何取得进展。

就像我们教导我们的孩子们能够明智地利用他们周围的现实一样，创造者也以同样的方式教导卡巴拉学家。他向他们显露精神世界，并将他们带领到那些世界之内。在这种状态下，卡巴拉学家感觉到控制现实的那些更高的力量，并开始独立和明智地参与到这一

过程中。

卡巴拉智慧将一个人从通过负面力量在背后逼迫着而痛苦地前进的状态，转变为一个通过正面的力量从前方往前拉而快速、轻松地前进的状态。卡巴拉在这方面的独特之点在于它培养我们认知邪恶并辨别它的能力。它发展出对好和坏之间的那种微妙、敏锐的洞察力。

辨别善与恶的区别的困难在于那个真正的邪恶——我们的自我(利己主义)似乎对我们很好。我们都习惯于将我们的利己主义视为发展的一种手段。事实上，我们的快乐、我们的生活、我们的本性和我们个人的真我，都是在我们的自我中被感知到的。

卡巴拉帮助我们辨别什么会导致伤害，如何能够对它进行修补，并允许我们在每个阶段的演变发展中取得进步。一个高度发展的人和一个进展缓慢的人之间的差异，取决于其辨别好坏的能力。

我们可以用一个测量仪表来做一下比较。仪表的读数越小，仪器的精度也就越高。卡巴拉的学习研究能够使得我们对精神世界与物质世界，对给予(利他)和接受(利己)之间的认知能力变得越来越敏锐。

如果一个当代的人拥有这样的机会，听到关于卡巴拉的事情和它可提供的那些可能性，这个人就可以实现他或她的被创造的目的：也就是当他或她还生活在我们物质世界的同时，就可以逐级上升经过所有那些更高的世界，并最终到达那个叫做Ein Sof的无限世界。

2.6　对待现实的正确态度

卡巴拉在希伯来语中的意思是"接受"。正如它的名称所代表的，卡巴拉是教授如何接受的智慧。如果我们对待现实的态度正确，

就可能经验无限的快乐。这种无限的快乐,不是来自性、食品、一辆新车、一座大的房子或其他转瞬即逝的那些物质的世俗快乐,它是那种可以给人们带来无比幸福感的快乐。为了获得这种无限的幸福,我们愿意超越任何时空的限制去接受它们。

我们在好的和坏的感觉之间的波动,或者说在愿望被满足和没有被满足之间的感受的起伏,给我们带来了那种时间在流逝的感觉。但是,当我们处在一种极度快乐的状态时,我们是感知不到时间的。卡巴拉智慧告诉我们,我们可以一起完全消灭时间,同时也消灭空间距离和任何其他限制或边界的感觉。已经达到这样一种状态的人,无疑是生活在一个无限的、没有限制的世界中。

我们的生活会始终包含两种对立的元素——快乐和愿望,正和负。一种充满一个愿望的快乐在满足那个愿望的同时,也消灭了它。我们在生活的各个领域都遇到这种现象。当"正"中和了"负"时,最终我们什么都感觉不到。只要我们短路式地连接愿望和快乐,我们始终会被囚禁在一个零和方程的游戏当中。然而,当我们在这些对立面之间加上一个类似电阻的东西时,它们将完美地工作,并创造出永恒的快乐。

卡巴拉解释说,快乐源自更高的力量。更高的力量传送给我们快乐是因为它爱我们。当我们尝试直接接收那个快乐时,那个快乐却抵消了我们享受它的愿望,随之而来的是那个快乐的感觉也随着消失了。

然而,对待快乐有另外一种方法:如果我们可以发现来自更高的力量对我们的爱,并将他对我们的爱返回给他,我们就会变得和更高的力量等同。每一方都想要取悦另一方,这种想取悦对方的愿望将会变成双方共同的快乐。这样的话,快乐就会持续从外面进来,它实际上源自每一方的内部,是每一方对另一方的爱的一个结果。这就是为什么从爱中产生的那个快乐不会消灭渴望它的这个愿望的原因，而且通过这样的给予，创造物将接收到一种无限快乐的感觉，它被感知为无限的生命。

让我们用一个例子来阐明：当一位母亲给她女儿糖果时，女儿享受糖果的味道带来的快乐。当这个糖果一吃完，快乐也随之消逝。但是，如果女儿将这个糖果和她的母亲联系起来，而不是只想着这个糖果本身，她可以联想到她母亲对她的爱，而这个爱正是她母亲送给她糖果的原因。那样，在她决定接收这个糖果时的原因，不是因为糖果美味可口，而是因为她想要回报她母亲对她的爱。

她能表达对母亲的爱的方式只有接收母亲给她的这块糖果。因此，女儿不会将快乐归因于糖果的味道，而是将快乐归因于她的行为使母亲接受到快乐——母亲的快乐源于感受到女儿从糖果中得到的快乐。

这将在给予者和接受者之间建立起一种完全崭新的关系。现在，这两者变得平等了。这样，那个正和负相互中和而互相抵消的问题被解决了，因为这个接受者——"一个负"，已变成为一个"正"的给予者。如果这个容器接收"光"完全是为了回报那位更高者的爱，它将完全变得与给予者、更高者相同。快乐将不再熄灭愿望，不但不熄灭而且将持续。

实际上，谁在给予谁在接受并不重要。只有给予或者接受行为背后的意图才重要，也就是我们给予和接收的方式。通过改变意图，我们可以与更高的力量维系这样一种方式，我们不会再只是从它那儿接受的接受者而同时也是给予它的给予者。这种意图能够使我们的接受变成不是因为我们想要这个快乐，而是因为我们想要取悦更高的力量才去接受它。

在这个过程的最终，因为我们和更高的力量实施同样的行为，

我们会逐步获得和它同等的思想、地位和层次。当我们能够在我们的内部实施这一行为过程时，我们将开始感觉到与更高力量的一种联系；我们会感觉到我们已经获得了它的思想，我们正在学习如何接受来自它的快乐以及如何同时可以将快乐返还给它。只要在意图上进行这种简单的转变，就可以变得与那个永恒、无限的更高的力量越来越相似。

要执行这种行为，我们需要揭示出更高的力量，需要感觉到存在着一种更高的力量，它爱我们并希望丰富地充满我们。如果我们感觉到这一切，我们会开始感到我们自己和更高力量之间的关系。因此，摆在我们面前的唯一困难是找到一种发现更高的力量的途径和方法，感觉到它并与它保持联系。

学习卡巴拉帮助每一个人发展这种联系。这种一个人与更高的力量之间的关系开始于一个人感觉到有一个"场"——即从更高的力量的存在，这个"场"维持着整个的现实，一个人就身处其中。如果我们真的开始感觉到那个力量的存在，而且它对我们充满着爱，想要我们知道它并接近它，那我们将很自然地开始发展这种关系。

经历过临床死亡的人都说有一个至高无上的"光"在等待着我们，许多科学家也开始思考类似的概念。但是我们不需要体验这样的危境才感觉到"光"。学习和研究卡巴拉可以逐步使我们感觉到更高的力量。我们开始研究现实，并按照我们的发现和感知去运作。

当我们感觉到在我们外部的那个力量时，我们会发现更高的力量是如此地爱我们，因此我们开始感到更高的力量的存在是为了带给我们利益，并想让我们幸福快乐。相应地，我们发展我们互相给予的态度。

这里没有任何幻想，这些都是很现实和可衡量的事情。卡巴拉

第二章 卡巴拉智慧的本质

学家度量这个力量到达他们时的形态和强度，它给他们造成的压力，他们必须应用的相应的抵抗力，他们如何才能连接到它，与它相似，在他们的愿望中哪些已经能够像它一样，哪些还不能够等等。

卡巴拉学家对更高的力量向他们表现出的，只想使他们受益的爱留下了深刻印象，而他们也将以同等程度的爱回报给它。

我们是"感觉的容器"，因此一切都从我们对更高力量的感知开始。我们都想要某种东西。如果我们能感觉到这种东西来自某人，我们对现实的态度就会彻底改变，这样，我们将会与某人相关联。卡巴拉的学习研究可以帮助我们感觉到更高的力量，感觉到那个给予者。

2.7 外部的现实

从我们开始感觉到更高的力量，并与它建立关系的那一刻起，我们开始感知到外部的现实。卡巴拉学家说在我们周围除了更高的力量之外，没有任何其他东西，也就是说，我们身处在一个充满着整个现实的"场"中。当我们开始感受到这个"场"时，我们的身体变得完全不再重要。我们开始觉得我们永恒地、无止境地存在着，不论我们的身体是否存在。在那样的状态下，我们不再依赖于我们通过5种感官而得到的那些感觉。

除了我们天生的五官感知之外，我们开始感知到超出五官感知能力之外的那个外部的现实。当这种感知发生时，物质生命的生与死不再重要。这种状态是超越我们生活在我们"黑匣子"时的那个感知之上的；我们变得和围绕我们的那个无限的生命的涌流连接起来。虽然我们确实还继续存在于这个世界上，但我们也同时永远存在所有那些更高世界中。

这样一种感觉是通过感知到现实的两种形式引发的：一种是五官感知到的这个现实，另一种是外部的现实。实际上，对外部现实的那个感觉遮盖了我们五官产生的对这个世界的感知，因为它是更为强烈、永恒和无限的感觉。

2.8 穿越壁垒

当更高的力量对一个人表现为爱的形式时，它令这个人内部的给予的形式被唤醒，使得这个人"穿越壁垒"，并进入"精神世界"。这一过程非常类似于照片显影的过程。当我还是一个孩子的时候，我们会用胶片拍相片，并把胶片放入化学显影剂中冲洗出照片。当这个胶片浸在这些化学物质中时，我们会看到照片如何渐渐显影而变得越来越清晰。

我们已经习惯于将我们的这个世界当做现实，在这里，各种人、组织和公共机构都塑造并影响着我们生活的轨迹，例如我们的邻居、我们的雇主和政府等。慢慢地、渐渐地，通过为了发现更高力量的目标而做出的努力，使我们开始感觉到在这个世界上发生的一切事物的背后真正存在的是什么。我们会开始看到那个力量如何像操纵牵线木偶一样控制着人们，而且我们将明白它想从我们这里得到什么。

慢慢地，通过我们的生活经验，我们将开始看到这一切都来自某种单一的态度，来自那个操控着我们的更高的力量。而这一点就是卡巴拉智慧真正开始的地方。

在穿越那个壁垒之前发生的一切都被称为"准备阶段"。从一个人开始感觉到更高的力量，并与它建立联系的那一刻开始，这个人就开始理解那些卡巴拉著作中专门为读者编写的说明。那些著作告诉卡巴拉学习者，他们应该注意什么，怎么做，做什么，以及他

们可以期望得到什么样的反应等等。

这一过程非常类似大人教育小孩行为举止的过程。因为孩子们不知道在这个世界上正确行为的规则，我们警告他们哪些事情可能会导致他们失败，并建议他们正确的行为方式。卡巴拉学家正是用完全相同的方式写下了他们对我们的行为指示。卡巴拉著作实际上是一部行为指导手册，告诉我们如何可以更快地推进和改善我们与更高的力量之间的关系，一个被我们称之为"精神世界"的关系。

2.9 形式等同

我们到目前为止，已经建立起了"光"的性质和接受的容器的性质是正好相反的这样一个概念：一个是给予，而另一个是接受。当"光"填充该容器时，"光"抵消了它。换言之，渴望享受的愿望被满足了它的快乐中和掉了。这样一来，人们不得不忙于不断地去追求新的快乐，但没有任何一种快乐可以持久。只要"光"与这个人之间的连接建立在这个人是接受者的基础上，就不可能有真正持久的快乐产生。

要得到真正的快乐，一个人必须怀着为了取悦更高力量的意图去接受。如果一个人保持那个意图，他或她将会立即被充满，并将始终是一个给予者。这种接受模式带来的好处有两个：一个人被快乐本身和对给予者的认知而带来的双重满足所充满。如果一个人是为了取悦更高的力量而去接受，这个人就开始认识更高的力量，这反过来会给这个接受者带来一种对外部现实的感知。

如果我们只从纯粹的自私自利的利益的角度去接受的话，我们只会感觉到我们自己。带着为了给予更高的力量的意图去接受能够使我们知道更高的力量。通过这样的一种新的接受方式，我们将超越我们自己这个"黑匣子"，并开始体验在我们之外的周围的现实。

对外部的现实的感觉将我们带到一个更高的存在的水平，这种存在取代了在这个世界上生与死的这种存在形式。这种为着利己主义的利益的接受方式，被称为"物质上的接受"，它是一种不合格的接受方式，而一个人超越它上升到通过在灵魂中去接受时，这被称为"目的是为了给予更高的力量的接受"。

为了使一个人能够开始为了给予而去接受，一个人必须先感觉到更高的力量。觉察到更高的力量是一个给予者的感觉在这个接受者心中产生一种羞耻感，这使得这个接受者做出了一种限制接受的决定，这个人决定，只有在自己能够将快乐回报给那个给予者的条件下，他才可以接受。

然而，在我们的世界中，更高的力量对我们是隐藏着的。如果它已经被揭示，我们全都会沉浸在一种双重的利己主义的快乐中，即来自快乐本身的快乐和来自我们同更高力量的连接的快乐。这样一个状态将把我们自私自利地"锁定"在更高的力量之上，并且不停地从它身上抽取快乐。那样的话，我们将会永远无法转换到将爱回馈给给予者的那个状态。

因此，感知更高力量的第一个条件就是摆脱利己主义。对更高力量的存在的感觉不可能在人类的自我中产生。如果我们已经用我们自私自利的愿望感知到了更高的力量的话，我们就会变成一个Klipa(壳)。这个Klipa是一种如此强烈的自私自利的愿望，以至于我们将无法挣脱它而获得自由。使我们摆脱这个利己主义的唯一方法是我们要在形式上等同于我们那个共同的灵魂的形式。

2.10 共同的灵魂

我们全都被创造成为一个单一的被称为Adam ha Rishon(亚当，第一个人)的容器(Kli)。在此容器(Kli)中，我们都作为这个单一系统的组成部分互相连接在一起。为了使这个容器(Kli)能够进行改正，Adam ha Rishon(亚当)的精神结构被破碎分裂成为数众多的碎片。这些碎片就是在这个世界上穿在我们身体中的那些个体的灵魂。这个破碎的结果使得每个人都被局限于他或她的自私自利的欲望当中，看不到其他的存在，只能感觉到自己本身。

今天，在经过一个漫长时期的进化之后，人们开始感觉到在他们心中的那个心里之点，这个心里之点是驱使他们与更高的力量重新连接、驱使他们寻找精神世界的愿望之点。在这一阶段，我们必须获得战胜我们的利己主义的力量，并超越它，因为这样我们就能够连接到更高的力量，而且我们靠近它的程度仅仅取决于我们和它品质等同的程度。

我们与更高的力量结合的方法是将那些有着共同精神目标的人连接在一起。虽然他们每个人都还受到自己的接受的愿望的奴役，但他们都渴望超越它。这些人组成的这样一种社会环境被定义为是一个"精神的环境"。有了它，一个人就可以冲破那堵将他或她与其他人分离的那个屏障。

虽然那些处在这个"精神环境"中的人仍然是利己主义者，但是无论如何，他们都正在尽他们最大的努力，创造一个结构类似于改正后的Adam ha Rishon(亚当)的灵魂的结构。我们不可能作为个人单独在这一项任务中取得成功，因为这个行动与人类利己主义的本性相矛盾。我们能做到的就是获得一个足够强烈的愿望，并与其他人通过这个愿望连接在一起。

这正是卡巴拉智慧适时出现的地方。卡巴拉著作描述灵魂改正

后的状态以及这些状态和那些堕落的状态之间的区别。这种区别的关键就在于我们使用我们利己主义的本性的意图。改正意味着我们改变了我们使用我们的接受的愿望的目的——从以自我满足为目的转变成为造福他人的目的。

当我们正确地学习真正的卡巴拉时,我们开始描绘我们自己改正后的状态。这种描绘将激发那些已经充满着我们改正后的状态的"光"来改正我们的灵魂。一旦"光"改正了我们的灵魂,"光"就会自动充满它,我们也因此开始体验到精神世界。

* * *

在精神世界中,没有时间,没有空间,也没有运动。那些更高的世界指的并不是在字面的物理意义上超越我们。"上升"实际上意味着"重新获得意识"。学习卡巴拉要求我们卸下我们所熟悉的这些世俗的感觉和认知的外衣,穿透物质内部,并进入到在背后控制它的那些力量中。

在精神世界,我们将从观察这个现实的画面转向去了解那些绘制现实的力量。我们开始明白现实是如何被创造出来的,并且开始获得能够连接到创造这些现实画面和最终控制它们的那些力量的能力。卡巴拉正是使我们能够进入这个现实的"控制室"的那把钥匙。

III

对现实的感知

1
建造精神的容器(Kli)

1.1 建造容器(Kli)

我们工作的重点是这个容器(Kli)的建造。如果我们知道如何正确地建造我们感知的工具，我们将明白我们究竟在哪里。正如我们在这本书的上一章中所说的，我们本质上是由一个接受喜悦和快乐的愿望的实质所构成的。

如果我们可以使这个本质敏感地认识到什么是接受，什么是给予，我们将能够使用它来对精神世界进行感知。这就类似于一块生铁被熔化锻造和打造成一个引擎部件的过程。当它们被正确地装配好时，它们就会变成一个有效的引擎。

同样，我们必须锻造我们自己，以便使我们能够感知精神世界。建造这个精神的Kli更像是一个雕刻的过程，你必须雕刻原料，对它精雕细琢，直到你所期望的那个理想的形状被雕琢出来为止。在这种情况下，我们的各种愿望、我们的思想和意图就是我们用来雕琢的原料。

创造者怀着要给它的创造物带来利益的意图创造了创造物。为了实现他的这个目标，他创造了一个容器(Kli)，也就是一个接受的愿望，去接受他想给予的利益。起初，这个愿望还没有成形。我们所有人的工作就是将这个接受的愿望塑造成形，直到它被穿上它的最终的形式—也就是给予的形式，即创造者的形式为止。

这个愿望的本质仍旧和开始被创造时一样，还是一种接受快乐的愿望，但它把接受的意图从接受转变成为了给予，使它的形式与

第三章 对现实的感知

创造者的形式变得相似，因此，这个意图就是那个形式。

卡巴拉著作描绘了一个人应该在这个接受的愿望中建造出的那些形式，一个层次接一个层次地，直到最后能感觉到那些来自创造者的所有的利益。这个总的接受的愿望包含有613种愿望，而且在这每一个愿望之上都要加上一个意图：要么是为了接受的目的，要么是为了给予的目的。这些"盖在"每个愿望之上的形式是接受还是给予，决定了一个人在精神上的达成程度。

每个程度都代表着一个给予的形式的强度等级。这使得创造者想带给创造物的利益按照创造物所在的层次显现在其接受的愿望中。在这个接受的愿望中的各种各样的填充状态就是创造者的众多名称的由来。它们是由感知到创造者的个人，根据他或她在创造者的给予中感觉到的"滋味"而赋予创造者的名字。

一旦卡巴拉学家们达成(指彻底地了解)了现实的本性，并对它进行了彻底的研究，他们对现实的认知方式划分为4个级别：物质、物质的形式、抽象的形式和本质。卡巴拉是一种实用的研究方法，引导研究人员全面地、系统地沿着进化的轨道前行。正如任何其他科学的方法一样，卡巴拉告诉研究者去做什么，期待什么样的结果，并阐述他们的理由。卡巴拉拒绝那些不能由个人独立地在完全的知觉状态下进行的抽象理论状态的研究。

卡巴拉定义现实中可以认知的那些边界范围为：**物质和物质的形式**。在这些范围内，现实可以被正确地感知。卡巴拉学家只是隐约地和不确定地感知到另外的两种认知：也就是**抽象的形式和本质**。因此，卡巴拉根本就不从事这两种认知形式的研究(实际上这也正是卡巴拉不同于哲学和宗教或其他教义的地方，它是完全建立在科学的实证方法基础上的纯粹的科学–译者)。

这些认知边界对物质世界和精神世界的研究都是同样适用的，

因为灵魂感知精神世界的方式和它感知物质世界的方式是一模一样的。即使在我们的世界中，负责任的研究者和科学家也不从事那些抽象形式或本质的研究，而只探索物质和物质的形式。

1.2 感官的反应

我们存在于这个世界中，但我们不知道在我们的外部存在的是什么。例如我们不知道什么存在于我们的耳朵之外，我们不能识别在我们的耳鼓膜上造成压力的那个"某种东西"是什么。所有我们感觉到的只是我们自己对那个"某种东西"的反应。

因此，我们给一个外部现象定义的名称实际上代表的是我们对这个外部的现象的自己的反应。很有可能有不同的频率或现象在我们的耳朵内产生。但是，我们的耳朵以一种独特的方式对未知的外部的"某种东西"发生反应，而且也正是基于那个反应，我们定义了那个现象。所有我们可以做的就是研究我们对那个外部现象的自己的反应，也就是发生在我们自己内部的东西。

因此可以说，我们对这个世界的感知是非常有限的。如果我们开始明白我们所看到的并不是在我们外部实际发生的事情，我们就可以用一种全新的方式对我们如何感知现实进行研究探讨。事实上，有某种特定的本质控制着我们，但我们却永远无法感知到它真正的形式。我们能感觉到的只是我们的内部对它产生的反应。我们对世界的认知画面是那些在我们内部产生的反应的总和，但我们却没有办法知道在我们的外部存在的到底是什么。

如果我们想要与现实正确地联系，我们必须承认我们这些感知的局限性。我们不能欺骗自己，以为我们感知到的是现实的真正的画面，因为我们并没有真正感知到它的本质或它的抽象形式。我们只可以识别穿在我们自己的物质之中的形式。虽然令人遗憾的是我

第三章 对现实的感知

们必须限制我们自己，但事实就是如此。

正如我们已经说过，我们无法感知整个现实的画面，我们得到的只能是对它的反应。我们也无法知道，我们感知到的在我们的物质中的这个形式和那个存在于我们外部的抽象的形式之间的差别有多大，并且去影响这个差别。

精神容器(Kli)感知精神现实的方式和我们感觉我们周围的环境的方式是一样的。这个容器(Kli)只能感觉它与在其自身内部的"光"的反应；感知"光"的这个容器(Kli)对于在容器(Kli)之外的"光"不能表示任何看法。

正是通过其内在的反应，这个容器(Kli)了解并确定"光"是什么，一个容器(Kli)是什么，"光"想从容器(Kli)得到什么，以及容器(Kli)想从"光"那得到什么等等。所有这些描述都与位于这个容器(Kli)外部的现象根本没有联系。

巴拉苏拉姆(Baal HaSulam)在他《对光辉之书的前言》*Preface to the Book of Zohar*一文中持续不断地解释了这些问题，这是因为卡巴拉只与建造一个用于感知现实的容器(Kli)有关：

例如，视觉使我们感知到的仅仅是那个可见的本质的不同阴暗，这些阴影是根据它们和"光"相对立而形成的。同样的原理，听觉感知到的只不过是在空气中的一些本质的一个击打的力量。因为这个力量使得空气被排斥开，打到我们耳朵中的耳鼓上，从而使我们听到在我们的周围有一些本质存在。

嗅觉感觉到的也不过是从某个本质中输出的空气，它击打在嗅觉神经上，因而我们闻到，同样，味觉不过是我们的味觉神经接触到本质而产生的某个结果。

因此，这4种感官提供给我们的都只不过是我们对源于本质的行为产生的某个反应，而不是那个本质本身。

甚至是带给我们最强烈感觉的触觉，它能区分冷与热、硬和软，所有这些感觉到的也不过是本质内部的行为的某个外在表现而已，它们都只不过是本质产生的某个事件。热可变冷、冷可加热，通过化学的反应固体可转为液体，液体可变成空气，也就是气体，而这个气体是唯一我们5种感官可能感知不到的。然而，那个本质仍然存在，因为你可以再一次将气体变成液体，或者再从液体变成固体。

因此，你可以很清楚地看到这5种感官都不能揭示给我们任何有关本质自身的任何东西，而只是本质的伴生事件以及本质的行为产生的外在的显现而已。

——巴拉苏拉姆(Yehuda Ashlag)，《对光辉之书的前言》，第12章节

因此，对现实的正确感知方式对我们极为重要。设定以上这些感知的边界，并不是用来限制或削弱我们的知识，或阻止我们从事一些被禁止的事情。恰恰相反，当我们将自己与那些我们控制不了的事物分离时，我们可使自己免于陷入混淆。如果我们将自己限制在我们能够控制的那些范围内，我们将会感知到现实真正的画面。严格遵照这个条件，能够使我们沿着正确的方向前进。

在我们目前的状态下，我们根本感知不到任何更高世界的"光"。这是因为我们自私自利的容器与那个利他的"光"是完全对立的。如果我们的容器能够匹配"光"，也就是说，如果我们使自己这个接受的愿望和"光"相匹配的话，我们将可能感知到它。这种"匹配的建立"被称为"穿上"。"穿上"的意思是指在我们这个接受的愿望之上获得给予的意图，而这种意图一个人只能从"更高之光"那儿接受到。

为了从"更高之光"那儿接收到这个意图，一个人必须有"一个心里之点"或者说在接受的愿望中有一个"光"的碎片。使用这个心里之点，一个人可以开始培养自己的容器(Kli)和"光"之间的

匹配。这个心里之点是一个给予的意图的碎片，通过它一个人可以开始使用整个"心"（愿望的总和）的其他部分，也就是接受的愿望的其余部分。如果一个人可以通过给予的意图，来使用自己的接受的愿望，这就被视为"穿上'光'"。

让我们回到刚才讲的我们的听觉的功能的方式：要想听到，我们必须始终使我们自己和我们的环境之间的压力保持平衡。为了平衡从外部产生的作用在我们耳膜上的压力，一个微妙的机制从相反的方向，也就是从耳膜内部产生了一个相等的压力。因此，表面上看，我们衡量的是外部的那个压力，但事实上，我们是在测量我们自己内部产生的为了平衡那个外部压力的内部的压力。

我们所有的测量工具的工作原理都遵照这个相同的原则。我们可以使用弹簧机械秤来演示这一原理。参与这项测量过程的有以下几样东西：一个弹簧、一个指针和需要被称重的对象。将该对象放置在设备上，会产生一个向下的拉力（图13）。若要平衡这一下拉力，这个弹簧会向上拉。然后，这个秤的指针测量出这个弹簧产生的那个向上的拉力，并将这一拉力数据作为这个物体的重量读出。对我们的内在感官机制产生的压力的测量被定义为"测量物质的形式和物质"。

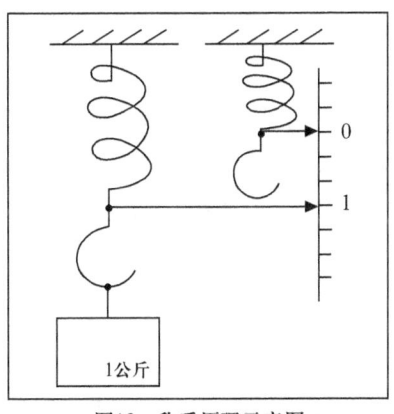

图13　称重原理示意图

现在让我们返回到精神的容器(Kli)。在精神世界中，物质的形式就是这个容器(Kli)对其外部的东西的反应，它被称为"意图"。物质(也就是接受的愿望)用这个意图来平衡来自上面，也就是创造者那儿来的东西。利用它，一个卡巴拉学家可以测量自己的意图同

创造者对他或她的意图的相似的程度。

一个卡巴拉学家感知到这个接受喜悦和快乐的愿望的全部的范围。如果这个卡巴拉学家可以出于给予的意图而去使用他的接受的愿望的一部分的话,这已经算是一种精神的行为。这是因为出于给予的意图而使用接受的愿望的任何一部分,意味着他或她已就此平衡了来自创造者的压力。这样一种行为被称为是"建造一个精神的Partzuf"(脸),Partzuf一词用于表示创造者与创造物之间,也就是Kli(容器)与"光"之间的等同性的一种度量。

卡巴拉学家使用Partzufim(Partzuf的复数)来测试创造者想要给予创造物多少快乐以及创造物有多少快乐能够返还给创造者。例如,如果一个人可以运用的给予的意图的强度能使20%的"光"进入其中时,其余的80%的"光"将被拒绝出去而没有被接受。换言之,一个人在这种情况下,只可以用20%的接受的愿望去和创造者平衡。这就是为什么那个人不会激活那剩余80%的接受的愿望的原因,并且将会限制它们。

我们对创造者的感知取决于我们施加在我们的物质——也就是接受的愿望上的意图的强度。就像前面那个例子中的重量和弹簧,我们除了测量我们自己的意图之外,不能测量其他任何东西。给予的意图就是我们要测量的那个形式,因而,卡巴拉学家用术语"形成式学习"(Formative Learning)来描述我们是如何进行学习的。

我们通常将这个给予的意图称为"第六感"。这个术语强调的是,通过这个给予的意图,一个人就可以感知到超出我们5个自然感官的感知能力之外的东西。

我们的第六感的工作原理和我们的五官一样。它们之间唯一的区别是那原始的5种感官是自然地存在于我们的身体中,而这个第六感却是一种我们必须靠自己来建造的新的感官。尽管自然感官的

敏感性可能因年龄或其他元素的不同而各异,但是一般来讲,我们天生就拥有5个可以正常工作的感官。

如前所述,我们必须靠自己来建立这个第六感。这是因为第六感并不是这个术语通常含义上的那种感官,它其实更是一种意图。我们的任务是研究创造者用于给予的那些形式,当我们能够独立自主地去操作同样的行为时,我们把自己建造成为以我们自己的意愿存在的"创造物"。而这正是人类和所有其他创造物之间的区别。

1.3 建造正确的形式

精神世界对我们来讲是隐藏着的。因此,我们不知道如何正确地调试我们的感知工具,以便能够正确地感知精神世界;我们甚至不知道什么是我们必须感知的。正是这样的原因,卡巴拉学家帮助我们,并为我们提供建议,告诉我们应如何定位我们的感知工具,以便我们可以感知到"更高之光"。

卡巴拉学家说"更高之光"是抽象的。但是,这并不意味着人类可能创建的任何形式都能够使他们感知到有关"更高之光"的任何东西。只有当一个人将他或她的Kli调整为适合于为了实现这个目的的那125种形式之一时,对"更高之光"的感知才是可能的。

因此,通往精神世界的阶梯由125级组成。每一级都代表了一个人的容器(Kli)可以接收到"光"的更高的一个形式。卡巴拉学家告诉我们如何能够定位这些形式,研究它们,并将它们应用在我们的物质即愿望上。他们也教我们,如何将我们的接受的愿望设计成这样一种方式,使得我们自己可以在"更高之光"面前用"适合""光"的形式来"展示我们自己"。

即使在这个有形的物质世界的层面,各种现象也以类似的方式呈现自己的形式。许多研究人员的研究表明:只要一种外部现象呈

现出的形式没有和一个人的头脑中已经记录存在着的形式相似的话，那个人就不可能感知到那种现象。

在 *What the Bleep Do We Know?* 《我们到底知道什么？》这部电影中，提供了一个很好的例子帮助我们了解这一概念。这个例子讲述的是一个印第安人看到哥伦布的船队到达美州大陆海岸时的故事。故事讲到当时的印第安人站在海边，但其实却看不到离他们不远的岸边正在下锚的船舶。那个萨满教巫师，一个富有想象力的人，对那些没有任何明显的原因造成的不寻常的海浪的运动感到困惑。他凝视着水面几个小时想弄清到底是什么导致了那些水面的波浪。

他通过他的努力，终于设法辨别出产生这些不寻常波浪的东西，因此他才能够看到那些船只。随后，他将自己所看到的形容给他部落里的其他人，因为他们信任他，他们也成功地在大脑中创建出这些船舶的形式，直到他们也全都看到了哥伦布的船只。

卡巴拉则更进一步断言，在人的头脑之外不存在任何东西。在巫师的头脑中创建出的那个船舶的模型为他构造出了船的画面，而巫师认为这个船是在他的外部存在着的。实际上，在我们的外部根本不存在任何船只，这只是因为我们习惯性地将在我们头脑中感知到的现实画面看成是独立地存在于一个外部现实当中，我们也正是这样进行日常的发现的。然而，卡巴拉学家说，所有的创新只不过是在我们自己的头脑里面形成的一些新的模型而已。

一旦我们获得了一个现实的真正的画面，我们就会觉得以前的画面完全是虚假的，就好像做了一场梦一般。如果想要感知那个真实的现实，我们必须在我们内部建立起那些真正的模型。这正是我们讲的，从这个虚幻的世界攀升到那个真实的世界的意思。其实，这也正是为什么人类被给予了卡巴拉智慧的原因，它在我们内部唤起这些真正的模型。

2
感知模式

2.1 学习模式

无论我们所处的状态的程度如何，我们的感知工具永远感知不到那个本质。虽然我们感知的确实就是那个本质，但我们只可以通过我们自己的物质去感知它，而且，我们甚至不能想象那个本质本身到底是个什么样子。此外，我们甚至无法想要去感知那个本质。

例如，我们当中没有人会认为一个额外的第6个手指是受欢迎的。但是，如果我们可以想像我们曾经拥有一个6个指头的手，而且使用这支特别的手我们可以做一些我们今天还不能做的事情，那么我们可能就会去谈论需要这第6个手指。但如果我们从来就没有过这样一个额外的手指，我们甚至无法想象它到底会为我们提供什么利益。这就是为什么我们永远也不会想要第6个手指的原因。

同样，由于我们从来没有感觉过一个本质，我们无法想要去感知那个本质。对我们来讲，物质的达成，即在我们的物质（接受的愿望）中感知到那个本质（"光"）的行为的呈现形式，已经令我们相当满意了。

上面的讨论引发一个重要的问题：如果我们不能感知那个本质，那么卡巴拉学家又怎么知道它是存在着的呢？现在，我们先将这个问题放在一边暂不做答，但我们保证以后会回到这个问题上来。

* * *

这个接受的愿望就是我们的物质。它被划分为5个等级。当这个接受的愿望和给予的意图结合在一起时，它呈现出不同的形式，从与创造者最对立的形式，上升到创造者本身的形式。当我们在精神世界里不断演变时，我们逐步研究物质(接受的愿望)可能具有的所有品质。而这就被称为"形成式学习"。

我们对于获得"穿"在物质中的那些给予的形式有着一个真正的愿望，之所以说它是一个真正的愿望，是因为它原本有过一个这种形式的愿望，而现在却没有了。

我们的物质，也就是这个接受的愿望，在最开始时，是以一个正确的形式被创造出来的，也就是开始时它有着给予的形式，后来被翻转成为了这个接受的形式。通过我们自己的努力重新获得给予的形式，正是我们的改正的本质之所在。这一改正过程应该使用当我们原先拥有给予的形式时的那个相同的模式进行，而且它是完全建立在一种可操作的实践基础上的。因此，这个过程是完全可靠的。

然而，哲学从事的正是对从物质中抽象出来的理想化概念的研究。它采用了和卡巴拉完全对立的方法，因为它是建立在研究那些抽象形式的基础上的。哲学讨论诸如真理、谎言、愤怒和英勇等等的性质，但又不和具体事物相关联，将抽象的形式定义为诸如"真理是好的，谎言是不好的"等等。这产生一种不好的影响，导致人们将这些口号看做是理想并狂热地坚持它们。

巴拉苏拉姆(Baal HaSulam)引用了一个寓言来说明这一道理，这则寓言讲到一个只看重真理的质量的人，当他遇到一个可以拯救一名濒临死亡的人的机会时，他选择了不去救这个人，因为这么做涉及在说谎。

这个寓言给我们演示了从事抽象形式的研究的错误所在，因为当一个特定的品质没有被"穿"在物质之中时，我们没有办法去判

第三章 对现实的感知

断它是好的还是坏的。只有当那个形式被"穿"在物质中时，我们才可以确定它是有利于物质的进化，还是对它不利。唯一的判定标准是物质的进化是否朝向其被创造的目的的那个方向发展。

*　*　*

如果说我们有可能错误地想象那些抽象的形式的话，那么本质则是我们完全无法想像的东西。我们只是在逻辑上假定在"穿"在物质的形式以及抽象的形式背后，存在着一个维系所有其他形式的基础，我们把它称为"本质"。

因此，我们看到我们的能力是有限的，我们只可以到达物质和"穿"在物质身上的形式这两个认知层面。当然，我们不可避免地会去问：为什么创造者不在创造我们时就为我们创造出那个能够感知抽象形式与本质的能力呢？

对这个问题的答案很简单：如果我们能达成（完全理解）抽象的形式和本质的话，我们就会看到那个本质包含在一切事物中，从最初的状态到最后的状态都控制着一切事物。这样一种清晰的画面会剥夺我们自由选择的那种感觉，它会阻止我们研究学习创造者的形象，并在我们内部构建它。

在阐明我们的容器(Kli)外部不存在任何东西之后，我们现在可以从感知现实的模式的角度，定义"这个世界"与"更高的世界"到底是什么。"这个世界"是当我们的一切工作努力都是为了接受时，在我们的容器(Kli)内部形成的对现实的一种感知。而"更高的世界"则是当我们所做的一切都是为了无私利他地给予时，在我们的容器(Kli)内部形成的对现实的一种感知。

2.2 完整的画面

卡巴拉学家只描述那些在他们的容器内部确实达成的一切，也就是物质的形式和物质。物质就是接受的愿望，而物质的形式则是"穿"在这个接受的愿望内的给予的形式。事实上，这个创造物始终都在感知着那副完整的画面。但问题是，我们对被揭示的东西能够有多确定？

例如，当我们感知某个特定的图片时，我们如何知道我们正在感知呢？对这幅图片的感知的哪一部分我们是确定的，哪一部分我们又是不确定的呢？由于我们的感知工具的能力是有限的，我们无法确定。也许，我们正在观察的现实的景象在我们前面展示的是一马平川时，而事实上，就在我们脚的下方有一个我们看不见的鸿沟。我们下一步会把我们自己扔进那个深渊吗？

如果上面的示例似乎不太可能发生，那么下面的这个例子将澄清这一事实：如果没有辐射计量探测器，我们将如何能够探测到辐射呢？我们很容易就会不知不觉地走进受辐射污染的地区。

我们无法建造工具来帮助我们判断在精神世界什么不值得信任或者什么值得信任的内容。我们能够依赖什么或者不能够依赖什么，这之间的差异取决于我们能够控制的不同工具的差异。

对抽象的形式与本质的感知的达成，被认为是一种不确定的达成。这是因为它们是通过"外部的容器"，而不是通过"内部的容器"而感知到的，虽然我们确实在它们中感觉到被称为"一个遥远的光亮"的某种东西。这种光亮诱导出某种东西存在着的感觉，但它并没有被我们的感官清晰地感知到。这就回答了前面提到的问题：卡巴拉学家是如何了解到抽象形式与本质的存在的呢？

* * *

我们应该强调的是寻找到从这个世界通往精神世界的入口的道路不是一蹴而就的直接行动。这更像是在一个封闭的圆球中寻找一个出口。虽然这个出口就在某一位置，它却只有在被经过360度全方位的搜索之后才能被找到。

若要在我们的内部创建出创造者的形式，我们必须首先知道所有与它相反的那些形式。假如创造者在我们外部有一个清晰的形象，我们将能够立即适合它，并因此结束这个进程。但是，没有这样的形象存在于我们的外部，它需要我们在自己的物质之内创建出创造者的形象。我们必须首先理解与创造者相反的形式，只有到那时，我们才可以建立与创造者类似的形式。所有画面的总和将为我们构建出创造者的形象。

2.3 创建认知模型

让我们再简短地返回到哥伦布的船只那个例子。那个巫师之所以无法探测到那些船舶，是因为在他的头脑中，不存在这么一个大的"浮动房子"的模型。用卡巴拉语言表达，我们会说他不具备探测这个形式的容器(Kli)。为了使巫师能够发现到那船只，这个船的形式必须事先存在于他的脑海中，他才能够用脑海中的形式与观察到的形式进行比较。然后，他在之前预先存在的模型和他在外面看到的这艘船之间的形式等同性的基础上，才会将它识别为一条船。

但是，为了能够感觉到精神的现实，我们必须遇到能告诉我们有关它的模型的人。因此，卡巴拉学家写下他们的著作。我们可以使用这些著作描绘存在于我们外部的是什么，并且在我们内部逐步创建出那些精神的形式或模式。

我们这样在自己内部建立的模式无疑将是虚假的，但正是这种努力和渴求会使得"光"影响我们，"光"会逐步在我们内部建造

出一个与它自己的形式越来越接近的形式，直到我们开始发现那个实际的"光"。这是向精神世界前行的唯一方法，因为只有"光"可以在我们内部建造出这些感知的容器。事实上，甚至现在我们都不能想象发生在我们周围的究竟是什么。我们被那些我们目前还由于缺乏与它们的形式等同而无法感知到的世界和各种力量所环绕着。

2.4 一个山顶洞人在当今的世界

如果我们对有关印第安人和哥伦布的船只再多思考一下，我们可能会问这样的一个问题：如果一个原始的山顶洞人降生在当今的世界中，他会看到各种车辆及建筑物吗？答案是，他不会；那如果他没有走在人行道上的话，他会撞到建筑物或被一辆车撞伤吗？

在我们回答这些问题之前，我们必须明白我们只能感知到那些我们的感官已被装备好有能力检测到的那些形式。例如，围绕我们的空气看起来好像是空无一物，但实际上它们可能像水泥一样稠密而且可能是固体状的。我们已经习惯将这个世界作为一个我们可以自由在其中移动的空间看待。但如果我们生成适当的感知的工具的话，我们将会感知到这个世界其实充满了创造者的各种巨大的力量，它不允许我们有任何自由的移动。如果我们具备了这样的感知，我们会觉得完全受到创造者的控制，就好像我们被"栽种"在水泥中，甚至无法做出一个自由的手势。

因为山顶洞人还不具备那个将这个墙感知为物质或物质中的形式的感官，因此他能够穿过墙壁，它们对他来讲就像是空气一样。卡巴拉学家希望指引我们的观察，以便我们可以正确地感知这个世界。如果我们能够使自己只是超越对这个世界的普通的感知一点点，并进入卡巴拉学家描述的那种真正的感知的话，这个世界对我们来讲，似乎会变得非常奇怪。

第三章 对现实的感知

今天，许多量子物理学家发现这个世界上的时间、空间和运动有一个"奇异"的规律性。例如，他们说物体在同一个时间点可以存在于多个位置中。这种奇异现象使得他们认为，对一切事物的观察测量都是相对于观察者而言的。这意味着山顶洞人的这个墙存在或不存在，以及是否有能力通过它，都仅仅取决于这个观察者本身的容器的状态。

我们与生俱来带着这五种感知工具—天生的五官来到这个世界，而且这些感官一代接一代地在进化着。每个婴儿一出生就被这个环境包围着。这样一来，在我们成长时，我们把周围的事物感知为固定不变的事实，被我们的五种感官感知为那些在物质中的形式。

然而，即使我们通过这五种感官得到的感知，也只反映了我们自己的感官所投射出的事物，没有其他更多的。我自己就是这些建筑、汽车、这个地球、这个宇宙和我的整个现实的创造者。我在我的感觉中，在我的容器中，创造了它们。在我之外，它们是无形的。

很难将我们自己和我们天然的感知分离。看上去只有当我们穿越壁垒，进入到精神世界后，我们才有可能对现实有不同的看法。只有到那时，我们才了解事情与它们最初看上去的可能有所不同。

例如，我们不能穿过墙壁，是因为我们由我们自己创造的那个完全相同的规则所控制着。但是"更高之光"是抽象的，是我们自己限制了它。在现实中只有一个唯一的法则："形式等同的法则"，我们使自己的形式越等同于"光"的形式，我们就变得越解放，越不受限制。

我们这个接受的愿望被分裂为613个愿望。根据我们的形式与"光"的形式之间的不同，我们在每个愿望周围竖起了边界。所有

这些限制的总和塑造出了我们内在的感知工具的形态，而那个感知工具反过来又描绘出我们对这个现实的图像。

如果我们考虑一下无线收音机的工作原理，我们就很容易理解这个形式等同的法则。一个收音机只有在其内部建立起和其外部的波段相同的频率时，它才能够"挑选"出那些音波。同样地，我们也只是在"拣选"那些似乎存在于我们外部的事物，但却只能按照在我们内部已经创建好的东西，并根据"形式等同"的原理"拣选"到那些相应的部分，并把它们当做是"真实"的现实对待。

这个形式等同性的法则是恒定不变的，并限定着整个的现实。它对利己主义和利他主义的容器同样有效。换言之，我们感知物质世界的现实和精神世界的现实的原理是完全相同的一种方式，都是通过形式等同性的法则。这两种容器之间的唯一区别在于它们的方向：其中一个目的是指向自我，另一个则朝向创造者。然而，利己主义的容器的存在只允许极少数的容器可以被感觉到。

量子物理学家正在开始发现超越某些特定的边界之外，这个世界似乎"消失"了。卡巴拉学家数千年前就有关于这类"发现"的描述。他们解释说，超越这个边界，物理形态的物质和其形状就消失了，只有超越物质以上的力量和形态继续存在。若想继续研究超越这个边界之外的事物，研究人员只有先获得相应的利他主义的容器，他才有可能对其进一步进行研究。

卡巴拉学家描述对待现实的正确态度的基本规则比科学家曾经想到的都要深入得多。而且，只有当这些规则已经被应用后，才有可能在对现实的认知与研究方面取得进展。

卡巴拉被一直隐藏到最近才出现的原因是因为以前的人类还没有准备好正确地去理解它。当代科学的成就已经为我们去理解卡巴拉智慧做好了一些铺垫准备工作。这就是为什么卡巴拉在今天才重新被揭示的原因。

让我们再回到那个误入我们这个时代的山顶洞人。我们会倾向于认为我们的容器比他的更丰富，因为我们可以看到对他来说不存在的那些形式。

然而，这是一个错误：与山顶洞人相比，我们确实已经进化发展出并获得了更多的形式的印象，我们建立了更多(利己主义)的容器，但是这些容器实际上是更多地限制了我们。我们感知的这些物质的形式对山顶洞人来讲是一些抽象的形式；它们对他来说，并不存在，因此，也不会对他产生限制。

在将来，我们会发现我们"获得"越多，我们限制我们自己的就越多。我们通过获得各种形式和建造越来越多的结构取得进展，但是，最终这些结构将在现实的每一个层面限制我们并向我们展示其实我们根本就没有自由。

随着我们的发展，我们从环境中吸收了大量的印象：我们的父母、老师、朋友和各种经验。这些印象使我们根据我们内在的"自动化编程"(self-programming)来看待现实。因此，现实不过是我们内部的软件生成的一种投影而已，它并不存在于我们内部的容器之外。现实是我们的想象力虚构出来的作品，只不过是我们的头脑将其塑造成它好像就存在于我们的外部。

同物质的现实一样，精神的现实也不存在于我们的外部，它真的只不过是穿在一个容器(Kli)中的"光"。脱离了Kli(容器)之外的只不过是抽象的、无形的"光"，而所有我们真正在谈论的是将那些形式应用到这个接受的愿望中。

卡巴拉学家指出，在精神现实中，接受的愿望可以采纳一个有限数量的离散的形式，通过将所有这些形式连接在一起，我们能够感知到"光"对我们的连续的影响，而这正是创造者的最初的形象。

物质现实是一个复制品,是精神世界的一个投影,就像从一个根长出的一个分枝。因此,在物质世界中的展现过程与精神发展的过程非常类似。这个利己主义的接受的愿望可以呈现一个有限数量的形式,之后其物质消失了——这类似于研究人员今日正在发现的。

在一个人建立了很多形式后,这些形式将变成单一的"一"种给予或"一"种接受的形式。这是被称为改正结束(Gmar Tikkun)的精神状态的一个投影。Gmar Tikkun是一种精神状态,它发生在容器(Kli)将"光"的所有那些给予的形式都"穿"在其中之后。在这样的一个状态下,"光"和容器(Kli)变得完全形式等同。

使我们的容器能够加速建造它目前欠缺的形式的唯一方法是通过选择可以帮助其取得精神进步的适当的环境。这样一种环境促使一个人"想象"在卡巴拉著作中所描述的"光"的各种给予的形式,并因而导致"光"对处于这种环境中的一个人的灵魂产生作用。然后反过来,这个"光"将生成"传感器"来探测那些给予的形式。

事实上,这个"光"就是使其中一切事物"消失"的那同一个抽象的形式,正如量子物理学已经发现的那样。这个抽象的形式将那个给予的形式投射到这个接受的愿望中,而作为一个结果,感知它的那些"传感器"开始在我们内部形成那个图像。

卡巴拉学家把这个"光"定义为"改正之光",因为它在我们内部创建出那个给予的形式,并因此将我们带向越来越完美的状态。

今天,许多研究人员相信在最根本的层面上,我们所有人都是一个整体,而且,连接我们的应该就是一个爱。然而,这些研究人员找不到一个方法来实现这个理想,因为获得这个改正的力量必须从"另一边"——从爱的那一边吸引到我们这边。而这只可能通过对

第三章 对现实的感知

卡巴拉的研究学习而获得。

最终,研究人员将发现物质将完全消失,唯一存在的东西将只会是纯粹的思想,但他们没有办法超越那里再进一步。他们会感觉到超越我们自己的存在之上,有另一种存在,在那里我们的物质与我们现在的物质正好相反,并且我们在完美的团结中连接在一起。然而,要想获得那个存在的形式的方法,也就是如何到达量子理论揭示的那个"另一边"的领域,却只能由那些已经达到"那里"的卡巴拉学家们来教导我们。

要想冲破物质世界和精神世界之间的那个壁垒,不通过吸引在卡巴拉著作中才能找到的"光"是不可能实现的,因为这些卡巴拉著作是从"另一边"写就的唯一的著作。一个人想"到达那里"的渴望,结合对正确的卡巴拉著作的学习将吸引"光"作用于这个人,并在那个人的灵魂中生成那些在其中可以感知到精神世界的那些形式。正像那个萨满教巫师必须建立正确的形式以看见那些哥伦布的船只一样,我们也必须建造那些给予的形式以便存在于精神世界中。

3 重获意识

3.1 我们和这个世界

从出生开始,我们就与生俱来有着感知物质现实的工具。在这些工具中包含着我们命中注定要实现的那些状态和形式的"信息比特"——Reshimot。透过教育及环境的影响,我们的工具逐渐发展直到我们具有对物质现实的"正常"的感知。

但是,这不是对精神现实的感知的情况。我们在通过什么来检验我们是否在正确地建造着我们内在的容器方面还没有标准,以揭示出给予的品质和对精神现实的发现。

我们不知道如何应对我们的愿望,我们应该如何塑造它们,以及我们应该以哪种意图准备它们。为了在此任务中协助我们,卡巴拉学家为我们提供了那些必须的定义。他们教我们如何可以调校我们的感知工具,以便感知精神的现实。

我们以一种预先决定好了的方式感知着物质现实,从出生到长大,我们没有被要求在这件事上参与我们的意见。在我们内部形成物质世界的感知模式使我们在变得成熟时感觉到那个Ein Sof无限世界的"光"。这个"光"实际上一直站在我们的对面,在我们和我们周围的世界都存在其中的物质现实的对立面。

然而,对精神现实而言,没有任何东西是被预先设定的。我们必须找出我们自己感知精神世界的方法,只有那些我们将要建造的工具可以使我们每个人都了解创造者——那个创造并影响着所有一

切的更高的力量。

我们应该时刻记住，现实是在我们内部被建造的。我们内部的品质在抽象的"光"上投射出一个"阴影"，从而创造出我们的世界的画面、包括精神世界的画面以及物质世界的画面。因此，感知创造者的方式完全取决于我们自己的内在品质。

* * *

卡巴拉智慧已经维持了它的这种关于感知现实的立场数千年。相反，科学对这一方法的探求则经历了几个关键阶段。

经典的认知论，其主要倡导者就是艾萨克·牛顿，它指出这个世界本身就存在着，不管我们是否在那里感知它。随着生物学的发展，使得我们能够了解到，从其他生物的眼光看到的世界是什么样的。我们发现，不同的动物感知到的这同一个世界的画面之间却存在着巨大的不同。

例如，一只蜜蜂看到数以万计图片，这些图片组合在一起构筑成为它所感知到的围绕着它的有关这个世界的图像；一只狗把世界主要感知成为"气味点"。然后，爱因斯坦发现改变这个观测者的速度将产生一个根本不同的现实画面。

所有这些发现，开启了认知世界的第二种新的方法，这种方法声称世界的画面取决于它的观察者。有着不同品质和感官的观察者感知到的世界的画面是不同的。因此，这种方法和第一种观察方法同样认为，这个世界仍然是独立存在着的，不论这个观察者存在与否。而第一和第二个方法之间的区别在于：在不同的观察者眼中，世界看起来是不一样的。

随后发展出的第三种方法则主张说，这个观察者同时影响着这个世界，并因此影响观察者感知到的那幅画面。根据这第三个学

派,对现实的感知画面就像是一幅平均的图像,是这个观察者的属性与被观察的对象的属性之间的一个平均值。

换言之,观察者之所以将某种事物感知为某种特定的方式,是因为正是这个观察者相对于这个世界的实际品质而言被建造成了那样。这种方法断言:从观察者影响着他或她感知的世界的画面这层意义上来说,在个人和世界之间存在着某种关联。

第二种和第三种方法之间的区别如下:第二种方法指出,我们不会影响这个世界,这个世界的画面在我们的眼睛中改变,是因为我们改变;而第三种方法指出,我们确实会影响这个世界,但我们对世界的认知是这个世界的品质和我们个人的品质的一个组合。今天,有些研究者甚至声称有着无限的可能性,观察者根据他或她的品质去"选择"感知。

这最后一种方法相当接近于卡巴拉的方法。它与卡巴拉之间的根本差异在于对"世界的存在"的定义的不同。这种方法认为,世界有着无限可能的存在形式,这取决于如果我以某种方式操作,世界将会相应地"反应"的假设。

卡巴拉方法则指出这个世界是完全抽象的,它没有任何的形式。在我们的外部,除了一个永远不会改变的、抽象的"光"之外,没有其他任何东西。即使我们追随"光"而改变自己,并感知到它的一部分,这也不会对"光"本身产生任何变化。所有我们所感知到的,只不过是我们自己内部的品质和"光"之间的重合点而已,没有其他的。

到目前为止,从所有我们已经阐述过的内容中,我们能够看到我们真正的生活和我们感知它的方式是非常不同的。我们每个人感知的现实的画面完全取决于我们内在的品质。这画面是我们自己的品质投射在抽象的"光"上被创建出来的。

其实，我们的生活是发生在我们内部的一切的一个分支衍生结果，知道这个事实对我们有着深远的内涵：我们经历的所有过程，甚至包括生和死，都是我们的容器感知的直接结果。此外，是否要改变它们由我们自己来决定。改变我们的容器，将使我们能够从一个世界切换到另一个世界，从一个现实切换到另一个现实。这样，我们可以到达存在的最高层次。在那种状态下，我们将完全和那个抽象的"光"融为一体。

3.2　体验Ein Sof无限世界

感知物质现实的容器和感知精神现实的容器之间存在的唯一的区别在于意图的不同。物质的容器是自私自利的，而精神的容器则是利他的。"意图"指的是一个人使用自己的愿望的态度和目的。

唯一真正存在的状态就是无限(Ein Sof)的状态。在那种状态中，"光"呈现在容器(Kli)内部。但是，这种状态是隐藏着的，而且这种隐藏阻止了我们体验无限(Ein Sof)的状态。这种利他的意图逐步将这种隐藏的状态移除，并显露出那个一直充满在容器(Kli)之中的"光"。

如果我们牢记这种描述，我们会记住：在容器之外我们永远不会揭示任何"光"。当卡巴拉学家说那"光"进入或离开容器(Kli)的时候，他们想要强调的是一个人如何被拉近以到达恒定不变的状态的过程。在卡巴拉术语中，Ein Sof是一种"完全静止"的状态，意味着它是不变的。我们的工作是逐步准备好我们的感知工具以感知到那个状态。因此，唯一要做的是改变我们自己的感知能力。

当"光""穿"在一个人身上时，这个人会感觉到"光"是如何逐渐进入的，当一个人被唤醒去感知"光"时，这种永恒的状态逐渐变得越来越清晰。事实上，"光"实际上从来没有实际进入，

也从来没有真正退出。它只是变得更清晰和更明显，也就是说，被越来越多地揭示出来，隐藏的越来越少。

当"光"在容器(Kli)中变得越来越明显时，它向我们展示，我们实际上一直存在于那个无限的Ein Sof世界中，在一个永恒的状态中，并且，我们必须了解这是我们唯一存在的状态。因此，那个抽象的形式根本就不存在。创造容器(Kli)的"光"在创造的同时，就立刻充满了它。在这个容器(Kli)的创造以及对它的填充之间没有任何的时间差。当卡巴拉学家说"光"从创造者那儿发出时，他们是指已经有一个被它充满着的容器(Kli)。

我们绝不能忘记，跟我们与时间相关的语言不同的是，在精神世界里没有时间的概念。这就是为什么虽然我们说一个Kli(容器)先被创造，然后被填充，但在精神世界中，这些阶段是同时发生的，开始和结束都发生在同一点上。

因此，抽象的形式确实是不存在的，因为这个形式或者"光"，已经被穿在并充满在它的容器(Kli)中了。我们的想象力可以将Kli(容器)和"光"分开。我们也可以假定在容器(Kli)中的"光"可能存在于这个 容器(Kli)的外部，虽然我们对容器(Kli)外部的东西没有任何感知。

让我们尝试演示这个概念：假设有一个容器(Kli)，在其中我可以感知到整个的现实。此外，假定有另外一个容器(Kli)，在其中我只感知到一部分的现实；再有另一个容器(Kli)，在其中我无法感知到任何的现实。改正我的容器属于一种对它的扩张，使之从小变大，再到更大的一种扩展。如果我说"光"充满我的容器，这并不意味着它在之前并没有充满它，而是现在我在实际发生的事实中，发现了这个现实。

我们可以用一个昏迷的病人慢慢地恢复他的知觉的过程来类比

这个过程。他的亲属和朋友包围着他，等着他醒来，当他慢慢睁开了他的眼睛，他就开始认识到他的所在。从病人的角度来看，好像是现实"来到他面前"，并充满他感知的容器，因为我们都是从作为接受者的角度来衡量一切的。

Ein Sof，这个术语与位于创造物之外的任何东西都无关。它与创造的思想有关。创造物的这种最终的形式已经呈现在创造的思想中。所有的创造物，无一例外，都已经处在那种状态中，带着他们所有的填充。我们目前的这个状态被称为是"想象的状态"。我们就是那位昏迷不醒的病人，认为我们以某种特定方式存在着，并且我们是在逐渐觉醒过来开始看到真正的现实。在这个过程的最后，每个创造物都将完全意识到其真正的存在状态。

巴拉苏拉姆(Baal HaSulam)在他的《对光辉之书的导读》(*Introduction to the Book of Zohar*)的著作中，描述了灵魂被彻底唤醒到他们的真实状态的过程中经历的3种状态。第1个状态是创造的开始，它包含了以后会演变发展的所有一切；第2个状态是灵魂的诞生；第3个状态是当灵魂获得已经存在于第1个状态的一切的时候。换言之，第1个状态是指这些灵魂潜在的存在状态；在第2个状态，这些灵魂处于一种无意识状态，而在第3个状态，这些灵魂返回到它们的最初状态。

我们都习惯了我们这样的一种行为方式，我们先决定做一些事情，然后执行我们的决定，并在我们的执行的最后收获预期的结果。然而，创造者却是完整的。因此，对他来讲，在决定和执行之间没有区别。对创造者来讲，时间的概念，并不适用于它。这就是为什么我们说在他的创造的思想中，想给他的创造物带来利益的念头，从开始、中间到结束全都不可分割地结合在一起。只不过是因为我们的感知将这个思想划分成了3个层面。

时间的概念只适用于创造物,因为我们还没有被改正。我们的存在有3个阶段:(1)堕落阶段;(2)改正的准备和改正阶段;(3)形式等同和充满阶段。这一系列的行为创造出了我们对时间的感觉。

当精神基因(Reshimot)在我们内部浮现出来时,它们使我们想要并思考不同的事情。当Reshimot变化时,我的思想也随之改变。一分钟前我的思想和我现在的思想之间的区别产生出时间在经过的感觉。当我们的思想和愿望慢慢改变时,我们感觉时间在"爬行"。相反,当新的思想和新的欲望在我们的脑海中非常快速地弹出时,我们感觉时间好像在"飞逝"。

通过获得第一个精神的层次,我们觉得我们处于一个精神发展的过程中,也就是处于一种精神的时间中。在那种状态下,我们不再感觉物理的时间,并完全处于精神的过程中,在那里时间是以我们与创造者之间的连接有关的行动和变化来衡量的。

从我们(现在是指在精神世界中的卡巴拉学家)到创造者之间那些往复的"信号"创造出了时间的感觉。它不再是我们花在我们有形的身体中的年月的一个问题。当所有Reshimot都已浮现出来,被改正,并且被所有的"光"充满时,各种状态之间的交替就会停止。因为不再有需要填充的缺乏之处,我们将处于一种完美的状态中,我们对时间、空间和运动的感觉同样也将终止。

3.3 建造一个房屋

让我们用一个简单示例可以简化理解这个创造的过程:一个想盖一座房子的人,首先会勾画出其最终的形状;此后,这个人必须仔细规划工作的每一阶段,然后执行它们。

这不是创造者的情况。当创造者一想到要创造这个创造物,在想到的那一刻,它就已经完成了,并且它们是以自身正确的改正的

第三章 对现实的感知

形式出现的。因此，从创造者的角度看，我们一直是在以我们已改正的形式存在着。即使我们是逐渐发现我们这种真实的状态，也不会对它产生区别。

因此，当我们想接受力量时，我们转向那个我们称之为"创造者"的Ein Sof的状态。为了接受到力量和认知，我们转向我们已经存在其中的已改正的状态，那是我们必须渴求的状态。Ein Sof是思想，而Atzilut世界是详细的蓝图—这些是将思想付诸实施之前的两个阶段。这就类似于一个人想建造一幢房子的过程，甚至在没有原材料时，都已经把构思用书面形式表达出来了。

在Atzilut世界下面的是Parsa，它是Atzilut世界和它下面的世界之间的分隔。创造物从Parsa往下开始出现。然而，创造者并不必等待创造物的行动。对于他来说，思想和蓝图就是整个的现实。在Parsa之下存在着Beria，Yetzira，Assiya等各个世界，在这些世界的下面，才是我们的这个世界(图14)。

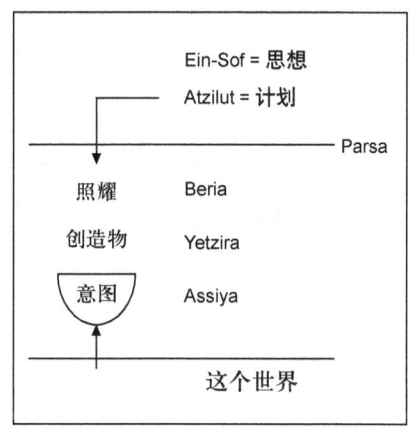

图14 各个世界的关系

来自Atzilut世界的"光"，根据一个人"盖房子"的愿望下降下来。而一个人朝向"更高之光"上升的这个愿望，是一个人想取悦创造者，并且想要变得像他那样的意图。换言之，这个意图是想要达到和创造者相似的意图。

给予创造者的过程包括一个开始和一个结束。不仅这个开始和结束都是事先就存在着的，而且其中的每一个中间阶段也都是事先存在的。一个人事先就知道其中每一个都必须经过的阶段，因为根

据这个创造的蓝图，每个状态的预先定义都是根据容器(Kli)必须经历一个逐渐的改正而设定的。

在这个容器(Kli)中有各种各样的愿望，所有这些愿望都是相互关联的。我们可以将它们类比做一个单一身体中的各个器官，每个器官都需要建造那个给予的意图。改正一个愿望会影响所有其他的愿望，这些愿望必须在它们正确的位置按照改正的顺序展开。在一个人的一生中，没有一件事情不是通过这个接受的愿望的结构事先决定好的，因为改正的路径是事先设计好的，并被划分成事先安排好的顺序。

我们一直处在那个最终的状态中，甚至是现在。当Reshimot浮现出来，将我们置于不同的状态中，我们所要做的全部就是实现每个Reshimot。我们不能选择我们未来将遇到的那些状态，但我们可以从环境中得到帮助，以使我们更有效地实现这些阶段。由此，我们将从一个状态发展到下一个状态。

更甚的是，即使我们实现我们所在的不同状态的方法都是预先被确定好的，从创造者的角度来看没有任何东西是新的；它只是对我们来讲是隐藏的而已，隐藏的目的就是使我们能够独立自主地去选择精神的发展。以后，当它不再影响我们的努力时，我们会发现我们在到达这些状态的过程中遇到的成功和失败也都是被预定好的。当这一状态发生时，我们将被完全地结合在创造者完美的指引中前进。

如果我们能够超越想要享受我们的容器感觉到的结果和其带来的利益，超越我们对自身获得利益的兴趣而去改正的话，我们将不再受到在开始、中间或最终会发生什么情况的影响。就像创造者一样，开始、中间和结束对我们来讲都是一回事，并且合并为同一个阶段。这就是为什么那些改正他们自己的人，将超越时间和暂时的

阶段的影响。本质上，我们必须经历的改正包括与自身的利益相分离。

我们可以将一个创造物定义为它感到本身是和创造者相分离的"某种东西"，而且表面看起来有它自己的权力。从这个创造物的角度来看，房子还没有建完。这个创造物感到它可以在房子的建造中奉献什么东西。

当创造物为了完成这座房子的建设，开始想要发现那个蓝图时，这个创造物被视为已将它自己带回到Ein Sof世界。创造物在为了寻求指导和能量来理解创造者的设计，并实现它的过程中所付出的巨大努力使得它已经无比深刻地熟悉了这个计划，并使它在之后进入到完成整个房屋的建造过程中。

然而，当创造物似乎在为建筑物添加每个螺母、螺栓、木板和砖块等等时，这一过程会被精确地按计划展开。这个添加的过程构成了一个人想要融入这所房子中的愿望，而不是对它实际的建造过程。所有的这些原材料，像这些金属、这些木材和这些砖等等全都是愿望。一个人只需要根据创造者的计划，将每个愿望置于其合适的地方。通过建造这个由愿望构成的房子，一个人获得了创造者的思想。这就是创造物得到的奖赏。

创造的思想只有在这个世界中才能被达成。当还存在于这个世界时，一个卡巴拉学家就直接从创造者那里逐渐学习到创造者的行为，并且开始想要变得和他一样。卡巴拉学家将这个过程称为"从你的行为我们知道你"。这一过程的结果就是达成创造者的心思，也就是彻底了解他的思想。

创造者的思想先于对创造物的创造。因而，当获得创造者的思想时，一个人不仅把自己带回到自己的诞生之处，而且上升到超越了"创造物"的层次更高的状态，并到达了创造者实际的层次。在

这一个点上,我们可以说,他们是出自于同一个思想,完全融合,或者形式等同。

精确地讲,那个蓝图在第一次接触到精神世界时就呈现出来。这是因为每一个精神层次都是一个由十个Sefirot构成的完整的结构。建造那座建筑的物质,它的结构,甚至它的建造者,都随着那个最初画面的显露而变得已知。

在被获准进入精神世界后,一个人将变得越来越了解其结构,因为精神世界建立在一个人完全同意这一过程的每一个步骤的基础上。这种同意与一个人给予的意图、利他的意图有关。一个人的独立和自由的选择,一个人自己的"工作场所",都与这个利他的意图相一致。而这是创造者从来没有添加给创造物的额外的部分,他也无法添加这个。

Ein Sof无限的世界就是创造者如此钟爱地给予创造物的那个房子,但一个人必须回报相同的爱给他,而创造物通过这么做就好像要给创造者建造一个相同的房子。因此创造物对创造者回报了同样的行为、与他等同,并因此提升到创造的思想的高度。

3.4 世界在我们内部

那些更高的世界以及它们的不同程度只相对于我们而存在,它们并不是孤立地独自存在的。这些世界处于一种潜在状态,等待着我们去改正并进而发现它们的精神形态。在改正后的状态中,在我们和Ein Sof之间的世界的所有层次将立刻一个接着一个地呈现给我们。

一个在磁场中的电荷"感觉"到这个磁场在它之上施加的影响,并因而"知道"这个磁场的存在。如果磁场中没有这个电荷的存在,它就不会"感知"到磁场的影响;事实上,它甚至也不会知

道这个磁场的存在。

同样地，如果离开地球的大气层，我们发现外太空是黑暗的。这听起来可能很奇怪，因为我们认为太阳光线会跨过太空传播出去，但是，如果没有任何东西站在这些光线传播的通路上，并"捕获"它们，我们也不能够探测到光的存在。

在另一个很好的例子中我们可以很容易地观察到这个原则。比如当我们看着阳光从一个打开的窗口照射进入一个房间的时候，我们只可以通过它们在空气中的灰尘上产生的反射才能看到光线的进入，这说明我们只能通过这些光线在空气中的灰尘上产生的反射才能探测到它们。换言之，如果创造物没有感觉到某样东西，它并不能说它存在于外部。在这样的状态下，我们说所有存在的一切都不过是创造者想要给他已经创造出的创造物带来利益的那个创造的思想。

处于Ein Sof中的创造物，对Ein Sof的揭示程度取决于它改正或堕落的相对程度。从Ein Sof到这个创造物，在每个精神的层次中，创造物感知到的"光"的强度只取决于这个个体的创造物。正因为如此，我们说所有这些世界都存在于每个创造物的内部，而且只有当我们感知到那个创造的思想的某些部分之后，我们才知道那个思想的存在。如果不是来自于个人正在达成的内部的感知的话，我们就根本不能谈论创造者、达成程度或满足，也就是说，如果没有容器(Kli)，也就没有"光"。也就是说，没有创造物，也就没有创造者。

3.5 加速发展

Ein Sof无限的"光"充满着整个现实，充满着它创造的整个的接受的愿望。它在创造物的内部运作以便将这个创造物引领到和它自己相等的形式。"光"作用在接受的愿望上的压力是永恒不变的，在数量或质量两方面都不改变。结果，不断的变化在这个接受的愿望中展开着，我们称之为"来自上面"的"更高的主权"，也就是指从创造者到创造物的"普遍的主权general providence"。因为这种态度是永恒和不变的，因而它被称为"Ein Sof(无限)，即处于完全休息的状态"。

"Ein Sof"这一术语强调创造者是不变的、而且他的目的—将创造物带向改正结束(Gmar Tikkun)的状态也是不变的。向Gmar Tikkun前进的过程是通过"光"对容器(Kli)的压力作用下进行的，这最终将会使这个容器(Kli)感到它与"光"处在一个矛盾的状态中。

由于这个矛盾制造出的压力，卡巴拉学家将这样的发展路径称为"痛苦的路径"。如果按照这条路径走，一切都会在它预定的时间发生，"光"作用在容器(Kli)上的持续的压力在Kli(容器)中诱发出多种多样的形式的产生，直到它们都被耗尽时，这个Kli(容器)将到达它Gmar Tikkun的状态。

在人类接受的愿望的自然进化的最后阶段，在经过很多生死轮回后，人们开始感到有某种更高的东西存在着，存在着一个给予者。在那个阶段，人们开始积累一些特殊的认识，这些认知不属于这个接受的愿望，而是属于渗透在容器(灵魂)的众多碎片内接受的愿望中的那个给予的愿望。

在这样的状态下，一个人处在两种力量，也就是给予的愿望和接受的愿望之间。这样一种情况可以使一个人加速他的发展，并且要快于"光"在这个Kli上产生的自然压力带来的发展速度。

但是，加速向给予(bestowal)的品质的发展，不能在一个人的利己主义状态中实现。获得给予(bestowal)品质的唯一方法是从创

造者那里接收到它。一个人的工作就是找到一种方法,用来接受"来自上面"的给予(bestowal)的品质,而不需要在这个Kli(容器)中完全经历那些邪恶、那些痛苦和折磨的经历将会逼迫创造物从接受的状态逃离并进入到给予的状态。

选择这条加速的路径被称为是"自下往上的进化发展"。在这条路径中,我们顶着"光"的压力前行,并且有系统地一个接着一个地将我们自己带到所有那些状态。通过选择这条路径,我们想要朝着创造者的方向前进,朝着获得给予的形式的方向前进,并因此而跳过那些其他状态。

选择替代那条"痛苦的路径"的这条被称为"光的路径"能带来的巨大好处就是:尽管一个人同样经历那些相同的状态,经历每一个和所有的愿望,也经历它与创造者的那些对立状态,但所有的这些体验不是因为来自背后的压力,而是出于对"光"的渴望。这条路径可以让一个人快速地并且以一种更可控的方式来经历那些必须的洞悟和认知。这条"光"的路径类似于我们发现自己生病了,但我们赶在病情实际大爆发前服用了适当的药。因此,我们自己的这个渴望可以使我们免受那些极大的痛苦和麻烦。

如果我们出于自愿,主动地被吸引,并朝向"光"去发展,也就是:将那些给予的形式加在这个接受的愿望之上,我们将逃过那些可怕的灾难。这就是为什么卡巴拉智慧要被给予人类。没有它,人类将会一步一步地自然地向前进化发展,这种发展的每一个阶段都要持续到这个阶段的所有负面结果完全暴露出来为止,然后我们才被迫进入到下一个状态。而通过卡巴拉智慧的教导,以及如何使用它将"光"吸引过来,将帮助我们以另一种非常不同的方式愉快并且快速地进化发展。

3.6 在内部构建创造者

正如我们之前已经解释过的,所有的变化都是在我们内部展开的,虽然它们好像发生在我们的外部。我们需要明白,如果没有这些看起来一切都是发生在我们外部的变化,我们就不会与创造者建立起联系,我们甚至会认为创造者根本不存在,并和我们没有任何关系。正是这种以为变化发生在我们外部的幻觉使得我们能够将"光"感知为一种存在于我们外部的某种东西。

当我们与发生在我们内部的这一切,与一个外部的创造者的存在相关联时,我们可以建造出一种对它的态度,并开始了解这个创造者是谁以及他想如何给予我们。如果我们不是将我们的这些内在的体验归因于创造者,我们将无法感知到他的任何东西。此外,我们也无法创建出那个目标为给予创造者的意图。

随着我们的发展,我们逐步构建出有关创造者的一个越来越真实的形象。在这个建造过程的最后,我们到达那个单一的"光"、给予者、那个终极的善,它处于一种永恒不变的爱的状态中。

以为在创造者和创造物之间存在着一种连接的那个幻觉,随着在创造物内部的变化而改变。这使得一个人可以根据自己的品质去勾画出创造者的画像。事实上,通过这样做,一个人在其内部建造出创造者。除此之外,没有别的办法可以感觉创造者。

将一个人的品质投射到抽象的"更高之光"上照亮了高于一个人目前所处层次的下一个更高的层次,那是一个人勾画出创造者的画面的层次。因此,我们将这个比我们略高一些的我们下一步要到达的层次,看做是创造者。一旦我们获得了与那个层次相同的给予的品质,我们就"取代"了创造者的位置。现在,这个人处于创造者曾经所处的那个位置(在我们看来)。

因此,随着我们不断进化发展,我们总是通过我们堕落的品质

第三章 对现实的感知

描绘下一个层次的画面。我们依照我们自己的品质，构造了我们渴望成为的创造者的形象。这是我们唯一可以认知创造者的任何形式的方式，也是我们接近那个抽象的"更高之光"的必由之路。

这种虚幻的感觉可以帮助我们建立起我们目前存在的层次以及下一个要到达的层次。当我们想要聚集能量前进时，它可以促使我们知道要转向哪里。虽然它在我们内部展开，但我们创建的创造者的形象揭示出我们目前所处的状态和下一个状态之间的差距。因此，我们意识到自己与创造者之间的区别。这是学习那个上面、更高的状态是什么的唯一方法，因为创造者没有我们能用其他方法可以感知到的形式。因此，我们是在我们的内部建造创造者。

4

对现实的描绘

我们可以将一个人类比喻为一个封闭的装备着5个传感器的黑匣子:有眼睛、耳朵、鼻子、嘴巴和手等5种感官,分别代表着5种感官:视觉、听觉、嗅觉、味觉和触觉。

正如我们先前所说的,感知现实的根本法则是"形式等同"的法则,这意味着压力的平衡。各个感官都根据其独特的构造对压力产生不同的反应,履行着传感器的功能。视觉感官产生一种对光、黑暗和颜色的反应;听觉感官引起声音的感觉;嗅觉传感器则唤起对气味的感觉;味觉传感器感到味道;而触觉,则产生出如硬、软、热与冷等各种感觉。

这些感官的反应被传输到大脑的控制中心(图15),在那里,这些新收集到的反应信息将与以前已经储存在记忆库里(先前印象的储存库)

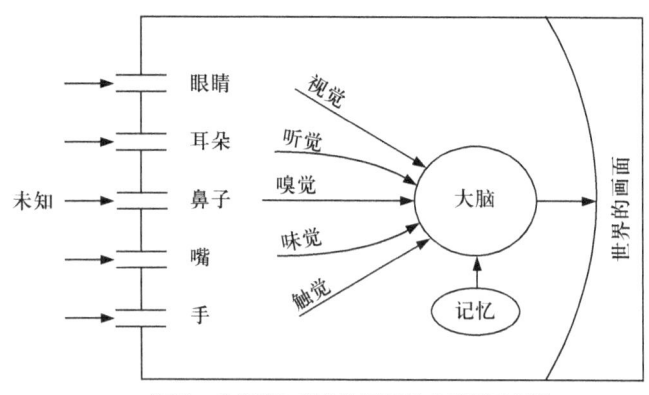

图15 我们感知现实的画面形成原理示意图

的数据信息进行对比。通过这种方式，我们处理我们的感官收集到的信息，确定出一种对我们最有利的反应方式，并且也研究我们到底在哪里，如何在我们的环境中最好地行动。当这个过程完成后，这个信息被"投射到"位于我们大脑中的一个"屏幕"上，描绘出一幅表面上看起来位于我们面前的画面。

在这一过程中，那些周围的未知成为"已知"，同时外部现实的一幅画面被构建出来。不过，这幅画面并不是一个有关外部现实的画面，它只不过是一个内部的画面，是一个由人类的各种感官的结构和那些事先存在的数据产生出的结果。如果我们有不同类型的感官的话，我们就会产生一个完全不同的画面。而且很有可能的是，如果我们通过不一样的感官去感知，原先看上去是光明的东西可能会显现为黑暗的东西，或感知到一些我们甚至无法想象会如何展现给我们的根本不同的东西。

科学发现这些事实已经有了一段时间。今天，我们可以使用人工的方法，例如用电子设备替换那些感觉器官。虽然科学尚未完全掌握这些技术，但迟早它将能够扩展我们的感官能到达的范围，创造出新的器官，甚至产生一个完整的新的身体。不过，即使有了一个新的身体，它能感知的图像仍然是内在的。科学早就证明，通过对大脑协同存储在其记忆库的数据进行电刺激可以使人产生出正处在某些地方和处于某种状况的感觉。

以上所有的一切，都告诉我们，感觉到的一切都来自我们的内部，与我们周围的现实无关。我们甚至无法确定是否存在一个外部的现实。因为这个所谓的"外部"世界的画面存在于我们的内部。卡巴拉学家指出，我们看见的这个世界是一个"想象的世界"。

一切事物都是由享受快乐的愿望组成的。在人类中，这种渴望永久享乐的普遍的愿望唤起了在不同的特定的事物中获取快乐的形

形色色的各种愿望，而且它们在任何给定的时刻都在变化。结合已经存储在大脑记忆库中的信息，这个愿望控制着我们的感官为满足那些每时每刻产生的愿望服务。追求快乐的愿望在经过一代又一代的演变发展之后，最终将我们带向一个人类未知的叫做"心里之点"的愿望。今天，这个愿望在我们很多人心中正在觉醒。

这个愿望的问题在于我们的大脑记忆库中没有和它相关的数据。甚至我们的所有感官也找不到满足这个新愿望，使它满意的来源。当这个愿望产生时，我们感到很无助，因为在我们周围的这个世界中，找不到任何可以满足它的东西。但是当这个愿望出现时，它使得我们对在它出现之前的那些生活感到厌恶。

这个心里之点是一个完全脱离目前的自然系统的一个全新的感觉系统的开始。当这个新的系统完全发展时，它将被称做"灵魂"。这个灵魂将包含新的大脑、新的记忆和新的"屏幕"。使用它，一个人将看到一幅完整的新的世界的画面，也就是精神世界的画面。因此，存在两个有着同样的运行原理的不同的感觉系统：一个是自然界的、物质的系统；而另一个则是精神的系统。

在这个自然系统中，世界的画面在出生的那一刻就出现了。我们不需要做任何事情来创建它，这是与精神的系统之间存在的本质上的区别。我们在自己的一生中，经历各种事情，这一切经验都丰富和发展了我们的记忆，提升并加强我们能够处理越来越微妙的感知的能力，并且对此产生无数的互相连接和内涵。这样一来，在我们的脑海中创建的画面将会变得越来越清晰。这就是婴儿对世界的感知和成人的感知之间的区别。

为了使心里之点演化发展成为一个精神的感知系统，一个人必须对它有一个极大的渴望。由于精神世界对我们是隐藏着的，唯一加强对它的渴望的方法是通过一个适当的环境。当一个人想要取得

第三章 对现实的感知

精神进步时，根据其对精神的接受的愿望的程度，这个人被引领到一个适当的环境中。这是一个由形式等同性法则产生的一个自然的过程，通过这一过程，根据一个人想参与到其中的愿望，这个人被放置到一个精神的系统环境中。

这个精神的环境包括3个元素：一名卡巴拉导师、卡巴拉著作和一个由具备类似愿望的人组成的社会(团队)。从这一个点开始，一个人的演变发展将取决于这个人自己想正确利用这个环境的愿望，也就是加强对精神世界的渴望的强度。当且只有当对精神世界的渴望发展增强到可以创建出另一个感觉系统所需的强度时，精神世界的画面才会在那个人的内心中被创建出来。

这就是卡巴拉著作被写就的唯一目的。通过正确地研读这些著作，灵魂的建设得以被促进。卡巴拉学家巴拉苏拉姆(Baal HaSulam)，即耶胡达·阿斯拉格(Yehuda Ashlag)对此有如下描述：

> 因此我们必须要问：为什么卡巴拉学家在促使每个人都学习卡巴拉智慧这件事上都负有道义上的责任？事实上这里确实有着伟大的东西值得被广泛宣传：对那些从事卡巴拉智慧的研究和学习的人来讲，卡巴拉智慧中包含着一个伟大的、宝贵的改正方法。虽然他们可能并不明白他们正在学习的是什么，但通过一个强烈的渴望和想要了解他们正在学习的东西的愿望，他们在他们身上唤醒包围着他们的灵魂的"更高之光"。
>
> ……当一个人从事这门智慧的研究和学习，提到那些"光"以及与这个人的灵魂有关的容器(Kli)的名称，这些"光"立即以某种程度照耀到他。虽然，由于他本身还不具备相应的接收它们的容器，它们照耀着他，却并没有进入他的灵魂，充满其内部。尽管如此，一个人在一次又一次地努力研读的过程中，不断受到的启蒙，使得这个人将来自上面的恩典吸引向自己，这个恩典赋予一个人丰富的神圣和纯洁，这些都使得一个人越来越接近和达到完美。
>
> ——巴拉苏拉姆(Baal HaSulam)《对十个Sefirot的学习的导读》，第155段

一旦有关这个新的现实的第一张画面显现出来，其余部分的演变发展将在一个被卡巴拉学家称为"一个人的灵魂将教导他"的过程中展开。就像物质世界的画面是随着一个人的成熟和印象的积累而变得越来越清晰的一样。在这里，一个人积累对精神世界的感受和印象，它们将充实新的记忆库，并加强对新的思想的分析能力。因此，在这个新的感觉系统中创建的精神世界的画面也变得越来越清晰。

生物意义上的身体的死亡意味着那个自然系统已停止其功能。这些感官不再将信息传递给大脑，而且这个大脑也停止将物质世界的图像投射到大脑的"屏幕"内。由于心里之点（从这个点开始，精神系统演变发展起来）的愿望和满足都不属于物质世界，这样，即使在我们的肉体离开（死亡）之后，这个心里之点也将继续存在。

如果一个人已经在精神系统中开始感知到自己的存在，而且在其身体死亡之前，已经能通过精神系统感知自己，那么这个人即使在其身体死亡之后，也将继续感觉到他或她的精神的存在。这就是在灵魂中存在的意义。

* * *

根据卡巴拉学家，巴拉苏拉姆(Baal HaSulam)和神圣的阿里(Ari)所阐述的(仅以他们俩为例)，在我们外部存在的所有一切，只有充满着整个现实的"更高之光"，而且那"光"处于一种完全休息的状态。尽管我们处在"光"中，我们却觉得好像我们存在于一个身体中，而这个身体则处于一个环绕着他的宇宙中。

但是，如前所述，印象是通过5种感官填充着我们。因此，如果所有存在于我们周围的是不变的"光"的话，那么到底是什么使我们感知到那些不断的变化呢？

第三章 对现实的感知

要回答这个问题，我们必须返回到刚才所述的记忆恢复(Reshimot)。正如我们先前阐述过的，在接受的愿望中存在着一系列的Reshimot，一个不断唤起新的Reshimot的记忆链。我们体验到的这个内在的世界的画面实际上正是当前处于活跃状态的Reshimo(Reshimot的单数形式)和"光"之间的差距和矛盾的一种外在的显现。

位于我们外部的"更高之光"是不会变化的；只有位于我们内部的Reshimot在变化。我们对我们自己和我们周围的世界的认知是由我们的愿望在我们内部展开的变化投射到那个永恒不变的静止的"光"上产生的一种结果。Reshimot的不断更新和一个人实现Reshimot的方式，创造出了这个在我们看来是在不断变化的世界的画面。

实现精神基因

1

精神基因Reshimot

    我们对自己与现实的感知决定了我们如何感觉我们自己和现实。这是我们所有研究的基础。我们要了解一个人到底是什么，以及我们是否自己本身就是固有的存在。量子物理学家在他们的争论中，认为所有的人和其他事物类似，只不过是"一束捆绑在一起的波"时，也许他们是对的。也许真实的现实与我们目前看到的现实很不一样。然而，如果我们可以建立一个基本的、客观的不取决于我们主观感觉的原则，一个定义"我们"，并定义"现实"的原则，我们将有一个标准，通过它可以来衡量我们目前的感知。

    许多研究人员相信，我们在研究方面进展越大，我们会发现事物会变得越模糊和越认识不清。他们觉得我们就像是在黑暗中探索。我们对自己和这个世界的误解和无知是当前我们面临的全球危机的核心原因。毫无疑问，研究现实的深度的科学是一个很好的方法，但是我们却发现存在着一个边界，一个我们不能穿越的绝境。

    人的本性、人的感知和科学的一切发现将不再会促进一个向前的进展。我们会感觉从某一个特定点开始，一切都变得"不可捉摸并难以确定"，并"蒸发了"。这正是量子物理已经开始发现的东西—物质突然"消失了"，将研究人员搁在一种类似真空的状态下。

第四章 实现精神基因

那种感觉源自一个人在还不具备"接近并感知"更高现实的方法之前,就丧失了对当前现实的感知。这种情况是在一个人还不具备看到那个"其他"现实的感知工具时产生的。巴拉苏拉姆(Baal HaSulam)在他的文章《卡巴拉智慧的本质》中讲述:获取该方法的唯一途径是从一个已经熟练掌握了它的卡巴拉学家那里学习它。

1.1 意识的丧失

我们在这个世界上的状态远不是我们真正的状态、远离我们上述提到的我们真正的状态。从这个被称为Ein Sof的标准来看,在那里我们全部都连接为一个被"更高之光"充满的愿望。所发生的分离或"排斥",是为了让我们能够从愿望的层次上上升到比这个愿望本身更高的一个层次,也就是在愿望的意图的程度上的上升。这使得我们能够做出自由选择,并且获得各种洞悟和启示,通过这些我们可以超越创造物的接受的层面,并到达创造者的给予的层面。

从Ein Sof的状态降落到这个世界的状态的过程,是通过将那个单一的容器(Kli)分裂成很多碎片而形成的。在精神世界,"排斥"意味着"品质上的差异"。通过独立地接近那个真正的状态,我们开始了解位于Ein Sof状态之上的创造的思想。因此,我们需要教会我们自己如何回到Ein Sof的状态。

但为了使我们返回到Ein Sof,我们必须先知道那个状态的本质。我们全部都一直处于Ein Sof的状态、处于一种爱和互相担保的状态中,处于一种形成一个容器(Kli)去接受"更高之光"的状态中。为了从这个世界返回到Ein Sof状态,我们必须努力在我们的相互关系中建造出一种相似的状态。Ein Sof才是真正存在的状态,尽管目前在我们模糊的感官状态下,我们还处于一种想象的状态中。换言之,即使现在,我们都位于Ein Sof的状态,但我们的感官却被

145

模糊了我们的感知的那些灰尘"笼罩"着,我们需要"清理"我们的感官。因此,Ein Sof的状态是我们正在努力要达到的标准和目标。

* * *

我们永远不可能清楚地了解一个状态,如果我们还存在于其中的话。只有当我们上升到一个更高的状态时,当前的状态才可能变得清晰。卡巴拉的方法为我们提供了一幅新的画面和一个新的视角。相当有趣的是,我们在应对那些静止层面、植物层面和动物层面的事物时,我们并没有遇到太多的障碍。但是,当我们试图了解我们自己所处的这个层面—这个语言的层面时,我们却总是失败。我们在解决我们目前面临的各种社会和家庭问题时的无助,只是我们如今这种状态的一些例证而已。

卡巴拉方法可将我们提升到比我们目前的这个状态更高的一个状态。从这个新的角度,我们可以俯视,并分析我们目前的状态。这正是卡巴拉的研究模式与普通的科学研究模式之间的根本差异。在科学研究中,研究人员尝试穿透他或她所处的同一个现实层面,就像一个孩子,想试图研究一个孩子到底是什么一样。但是,在卡巴拉中,卡巴拉研究人员先将自己提升到比当前所处层次更高的一个层次,然后从那里分析研究之前较低的层次。

卡巴拉学家不运用普通的科学研究方法来从事对现实的研究。他们并不试图将其狭隘的认知扩展到一个更宽广的角度,因为他们认为这是不可能的。只有采用正确的研究现实的方法,才可以促进我们发展的进程,以到达下一个阶段。没有正确的研究方法,我们只会停留在研究物质的层面上而止步不前。

正确的研究方法可将研究人员提升到位于物质背后的那些控制力量所处的层次。当我们感知到这些力量时，我们也将感知到在物质中发生了什么，因为这些力量都变成了我们自己的力量。研究人员将这些力量感知为可以任他或她运用的控制他或她自己生命的力量，他们不是通过理智，而是通过感官清晰地感知到这些力量。

一个人只用理性的和自然的感官的感知去研究一个比自然科学家们感知的层面更高的层面是不可能的。若要走向一个更高的现实，一个人必须改变其感官。在这里，那些精密复杂的研究工具不会提供什么帮助。

通过研究自然，我们可以想象存在着一个与我们的这个现实处于相反状态的更高的现实，在那个现实中，一切事物都旨在给予而不是接受。我们还可以假设，在高于我们利己主义的本性的上面，一切都通过爱和互相连接来运作，也就是所有的一切实际上都是一个单一的思想。

科学家们已经发现现实的所有部分都和谐地相互连接在一起，其中每个组成部分都在帮助其他部分，并且每个组成部分在那个共有的系统中都至关重要。现实的各个组成部分彼此"体贴关怀"，就像同一个身体中的细胞一样。这一发现使研究人员假定：控制现实中每一部分的总体的法则是爱的法则。唯一的问题是这些科学家不能提升自己到达更高的层次，并变得和那个法则的性质一样。

如果科学家能够根据他们所相信的超越物质层次之上存在的那个爱的法则，去改变他们的本性的话，他们将会发现，超越"隐藏的物质"之外存在着一个非常真实的、实实在在的现实，就和他们现在知道的现实一样真实。他们可以感知这些力量，它们的互相关联以及它们组成的系统。但对于所有的研究人员来说，要想发现所有这些，在研究人员与这些力量的层次之间必须存在完全等同的形式。

我们可以用走进一个完全黑暗的房间的过程来类比这一过程。首先，我们看不到在房间中的任何东西，但如果我们打开灯光，我们就能够看到它们。当然这些对象开始就在那里，但我们感知它们的能力的不足使得我们不能看到它们。因此，我们必须做的就是改变自己，去匹配、适应那些现实中已经存在的力量，而这种匹配它们的方法就是卡巴拉的方法。

1.2 虚拟现实

许多理论声称同时存在着无数的现实。卡巴拉则强调只有一个现实。这唯一的现实叫做Malchut de Ein Sof，也就是Ein Sof世界中的Malchut。除此之外，没有其他任何现实存在。Malchut de Ein Sof一词指明创造物存在于一个完美和永恒的状态中。任何Malchut de Ein Sof之外的现实，都被称为"虚拟现实"。

虚拟现实由不同的形象组成，这些形象是当Malchut de Ein Sof下降到不同程度的"意识"层次时在它前面显现出来的。结果，Malchut de Ein Sof越来越感觉不到它自己和它的填充物。

Malchut de Ein Sof失去意识的过程不断加剧直到它达到其最低、最混沌和最分离的一种状态，也就是被称为我们所处的"这个世界"的状态。在这个状态中，Malchut de Ein Sof获得了一种感觉上彼此互不关联的人类灵魂的形式。正是从现实的这个画面开始，我们必须渴望重新返回到Malchut de Ein Sof的状态。

当我们说我们的现实是虚拟的，我们指的是当我们发现这是事物的实际状况时我们产生的一种认知。将这种现实作为虚拟现实去感知，并不会阻止我们和它一起工作，我们只需要知道这是我们必须经历的一个阶段之一。

这可以和一个有着很多幻想的儿童进行比较。这些幻想并不消

第四章 实现精神基因

除这个孩子的世界,而且我们知道这些幻想在孩子的成长阶段是适合的。同样,在进入一个更高的现实时,我们看待以前的现实就好像它是虚构的,虽然它对那些仍处在那一层面的人们来讲还是非常的真实。

在精神的现实与物质的现实之间存在着一个壁垒。在穿越那道壁垒之前,我们看不到在这个世界的背后存在的那些力量,但这些力量在我们的内部生成了关于这个世界的画面,这个画面的生成过程就像电子矢量在电视或电脑屏幕上创建出图像的方式一样。当我们注视着屏幕时,我们看到一个丰富多彩的、三维的图像,但它们只不过是一种能够被进行处理、传输和储存的电子力量的组合而已。事实是我们也存在于一个类似的图像中,只不过这个画面的屏幕位于我们自己的内部。

那些上升到这些力量的层面的人们,看到这些力量是如此地真实,然而它们创建的画面是想像的。这些力量不断创建着不同的画面,虽然这些力量自己始终保持不变。

总的来说,一共有125个达成精神世界的阶梯。我们在其中攀升得越高,就越真切、越正确地感知到这些力量是如何连接在一起的。在这个阶梯的最高处,一个人将感知到这些力量完全合并在一起,它被称为Ein Sof。

由此产生的原则是,只有当我们达成(彻底理解)和感知到某种东西时,我们才可以定义并描述它。正因如此,所有卡巴拉学家都坚持着一个坚定不移的法则,正如巴拉苏拉姆(Baal HaSulam)陈述的这个法则:"对于那些我们没有达成(彻底理解)的事物,我们不会用名称或单词来定义它。"

1.3 集体冥想

很多人倾向于相信只要人类想改善自己的状况，就可以做到（心想事成）。其中一个例子，就是集体冥想，这通常都是为了提高我们的生活质量，在世界各地经常被实践的一种活动。无疑，将很多人的思想连接在一个单一的思想中会影响现实。思想的力量也确实巨大。但是，我们必须明白只是靠去想它，并不会对现实引发任何一个我们期望的那种有利的影响。

因为我们的本性是自私自利的，我们最大的思想仍将集中在为自己接受到一些更好的结果。只有当我们意识到我们这种自私自利的根本本性是不好的时候，我们的状况才会开始改善。如果我们明白只有通过获取一个新的、利他的品质才可以使我们真正快乐的话，我们将开始蓬勃发展，并茁壮成长。这样的认知将迫使我们去更改我们的本性。

类似集体冥想这样的活动不会将人的本性提升到创造者的水平，也就是说它不能带给人们利他主义的品性。这些行动是建立在我们能够最大化地利用我们的利己主义的力量的基础之上的，因此，没有任何一个这样的计划会帮助人类改善我们的世界。这些行动最后都会在我们的利己主义的框架中，更快地暴露在我们的利己主义中存在的那个邪恶。事实上，很多人为了实现一个共同目标的任何一种联合，不论目标是积极的或消极的，都在加快这个邪恶的暴露，但这不是一种取得进步的可取的方式。

只有当一个人吸引到"来自上面的'更高之光'"的时候，那个最理想的发展才会发生。精神的力量将暴露我们的缺陷，同样也会改正它们，但要做到这样，必须通过一个改正的方法。在缺乏这种方法的情况下，人类将不得不经受苦难和痛苦而被迫去发展。最终这些累积的痛苦将使人类认识到它不能独自去做任何事情。

将来自上面的"光"吸引过来是一个想要和Ein Sof的状态相类似的努力的结果，Ein Sof是真正存在的一种状态，在其中我们全部都连接为一个单一的整体处于创造者的对立面。我们不需要靠任何幻想去努力和那个最终的状态类似，因为我们已经处在其中。所有我们需要做的只是渴望去接收来自那个状态的改正的力量，而那个力量会将我们带进那个真实存在的状态中。

卡巴拉著作描述了改正后的状态。如果我们阅读这些著作而且想要处在改正后的状态，我们就会被"拉入"到"光"中，就像一个昏迷不醒的人会接受IV(静脉注射治疗)一样。"光"会对读者产生影响，唤醒他，并帮助他开始去攀升。

因此我们可以看到，像"光"以及"上面"、"更高"等术语的含义是这样的："光"是改正并充满创造物的更高的力量，"上面"是指"来自一个更好的改正的状态"，也就是一个更伟大的给予的、创造者的一种状态。

1.4 创造者是什么？

创造者是一个人发现并想到达的更高的层次。在希伯来语中，Boreh(创造者)是"来，看"(Bo指"来"，Re'eh指"看")的意思，表示一种邀请。到达最高层次的人处于同创造者融合为一的一种状态。在到达最高的层次之前，在这种结合中始终会表现出某种缺陷，虽然这并不真正是一种缺陷，它只不过是在一个人的内部浮现的一种新的、还没有得到改正的愿望。

这些愿望之所以显露出来是为了使我们可以改正它们，而且通过改正加强了我们和创造者之间的融合程度。对浮现出来的每一个新的愿望来说，创造者似乎都比之前处于更高的位置。当一个人揭示出更高层次及其利他主义的程度与自身所处的利己主义的程度的对立性差距性时,一个人必须积聚能量,以提升自己到那个层次。

因此,在到达所有一切都融合为一体的Ein Sof的状态之前,没有绝对的创造者。我们可以给"创造者"这个术语唯一的定义是(在我们到达Ein Sof之前)"比我更高"的一个状态。更高的层次建造、创造、产生、改正并充满更低的层次。

创造者展现为比一个人目前拥有的品质更高的一种调和的品质。一个人被激活的Reshimot导致这个人每次都看到一幅更高层次的画面。不过,无论如何,对创造者的描绘却总是一个人当前具有的品质在抽象的"更高之光"上的投影。来自那个抽象的"光"的压力是恒定不变的,所有的变化和移动只发生在我们的内部。尽管只有Reshimot在我们的内部变化,对我们来讲,它看起来却好像是创造者在不停的变化。

1.5　实现精神基因(Reshimot)

对于一个不是卡巴拉学家的人来讲,他是无意识地实现着不断显现出来的Reshimot的。这样的一个人根据他或她所处的状况做出反应,比如教育、环境、内在的力量、健康等等。在这种方式下,一个人被"带着"经历各种不同的情感和印象,并最终到达对精神世界的渴望。

在一个人被"身不由己"地推着向前的进展中,这个人从人生的悲欢离合中积累着各种印象、汇集各种认知,并在发展过程中运用它们。这是一个准备阶段,在这个阶段一个人积累各种有关他的接受的愿望所带来的各种印象,并在自身内部经历Reshimot的实现过程。

尽管我们不知道这是一种无意识的发展,但是所有这些印象都保留在大脑的记忆中,当一个特定的Reshimot浮现出来时,实现它所必须的Reshimot也同时被唤醒。我们不能控制这个过程，正如很多年前我们经历的事件会突然重新浮现出来，而我们却不能理解这是为什么那样。

此外，因为这些灵魂在一个单一的系统中是彼此相连的，对一个人或者对一群人的每个"个人的"的印象，都影响到其他每一个灵魂。在地球上的某一特定地点发生的事件对地球上的所有其他居住者都产生影响，即使他们并不知道自己受到影响。虽然我们目前还不能了解这个信息是如何传输的，但当到达Ein Sof的状态时，这一切将变得像水晶一样清晰。因为我们都是同一个单一系统的组成部分，所以我们的互相联动加速了Reshimot的浮现。

相对于"更高之光"来讲，我们全都作为同一个创造物而存在。我们每个人都由所有的其他人组成。每个人都如同一个单一的容器(Kli)，是创造者创造成的一个全息图像，也就是说，每个人都由"自我"以及它结合在其中，或者存在于其他所有灵魂中的相互包含的方式所组成。一个人结合在所有其他灵魂中的方式是一种双向的关联，也就是一个人存在于其他人的灵魂中的同时，其他灵魂也存在于这个人当中。这就是为什么这个接受的愿望包含这么多不同的认知和变化。

"更高之光"和个体之间的联系是始终存在的，但这种联系会因人而异。"更高之光"照耀在我们内在的愿望上，使我们产生一种我们称之为"我的世界的画面"的感觉，不论"我的世界"是物质世界还是精神世界。这种感觉受到一个人自己的Reshimot和这个人在其他灵魂的Reshimot中的相互结合部分的共同影响而不断地变化。这些变化的总和创建出一个人生活的动态画面。

1.6 选择将来

我们相信，我们有很多种可能的将来可以选择。但选择首先意味着已经看见未来，所以我们相信的这种选择是建立在什么基础之上的呢？一个人如何才能知道哪种未来最好？如果我们能看到一个选择的结果和另一种选择的结果，我们当然就会知道哪个更好。但事实上，根本没有任何选项可以挑选。

一个特定的Reshimot在一个特定的接受的愿望中被唤醒，也就是指在一个特定环境中的一个特定的人的内部被唤醒。结果，那个人实现了这个Reshimot，同时从生活的事件中积累了进一步的印象。

如果我们意识到我们只不过是受控制的牵线木偶，然而与此同时，我们却又认识到我们能够改变我们的未来，那么我们可能会处在一个选择的点上。换言之，这时我们会选择对我们精神的发展会产生积极影响，并帮助我们取得精神进步的一种环境。这样一种环境会帮助我们在同一个方向和同一个先前存在的阶梯上实现Reshimot，但我们要心甘情愿地这样去做，而不是在压力下被迫去做。

在任何一个给定的状态下，在已被唤醒的接受的愿望中的Reshimot和环境都是被预定好的。即使一个人有一种实现Reshimot的强烈渴望，这种渴望本身也来自其内部，而且即使一个人通过运用环境加速了Reshimot的展开，它也仅仅只是在缩短那个预定好的展开的过程。

然而，为了成为致力于精神发展的环境的成员，以及为了通过这个环境促进我们去发展，我们所做的艰苦努力使我们获得了一种新的智力觉悟——"全面的智力觉悟"，这种智力属于我们了解创造者对创造物的意图的领悟。获取那个新的智力意味着发现那个意图

以及随后相应地攀升到创造者的层次。这是种巨大的奖赏。

我们需要明白，靠我们自己，我们可以想去要任何东西，唯独无法走在正确的道路上，朝着正确的目标前进。独自一个人就像一个无法看到正确的前进道路的盲人。我们看不到从这个世界通往更高世界的入口，我们不知道如何从这个接受的愿望转变为那个给予的愿望，我们甚至无法看到这样一种事情存在着，而且在那里存在着对我们的拯救。

因此，那个自由选择的"点"非常、非常地微妙。我们可以选择一个环境，它会带领我们进入一种状态，在那个状态中，"更高之光"改变我们的品质，并且，通过"更高之光"的作用，我们将能够进入精神领域。但是，如果独自一个人，如果没有一种方法或者没有一个适合的社会环境，我们无法取得突破进入精神世界。

* * *

"平行的世界"和"平行的宇宙"等等术语正变得越来越时髦。很多人以为找到了选择他们美妙的未来的可能性。有很多冥想表示提供在早晨一大早选择好接下来一天发生的事件的能力。从心理学角度来看，在这种方式下，一个人是在自我"规划"，并且预先决定用一种特定的方式去接受那一天将要浮现的Reshimot。但问题依然是通过这样做我们是否真的能够创造出一个不同的现实。

我们不能说这样的一个人是异常的，因为我们每个人都有我们自己的生活倾向。我们都有从哪儿开始我们一天的习惯，无论它们是体育锻炼，或是访问一个治疗师。

不论我们是否是有意识还是无意识地计划着我们的每一天，事实是我们对现实的画面完全由我们内部的Reshimot决定着。这个Reshimot将我们放置在这个画面中，而且它也在这个画面中创建了

所有的结果。相应地，我们有意识地去"选择"发生什么事的努力不过是Reshimot展开的一个产物，仅此而已。

1.7 记忆

构成了我们生活的所有的画面都是相互关联的。因此，唤起某个Reshimot常常使我们想起过往的经历。我们管理不了我们的记忆，我们也无法从它们取出某些内容或忘记其他内容。Reshimot绝对地决定着所有的一切。我们只不过是移动到那些被唤醒，并在我们内部运行的经历的"顶端"。如果一个Reshimot的实现需要的话，过去的记忆将会自行地弹出并浮现出来。

我们曾经经历过的一切仍然保留在我们的内部，没有任何东西会消失。在一个人的愿望中，觉醒的一个Reshimot随后会使我们意识到与"光"的对立，并制造出那一刻发生了什么事的一种认知。接着另一个Reshimot被唤醒，由于这些Reshimot是相互联接的，新的Reshimot根据其需要使用之前那个旧的Reshimot。

当几个其他的Reshimot来了又走了之后，第一个Reshimot就从记忆中消失了，同时它所创建的画面也从感觉中消失。这些感觉有可能在以后被重新唤醒，如果一个新的Reshimot的实现需要它们的话。由此我们识别到Reshimot变成活跃的和不活跃的一连串的经历，并且伴随着这些Reshimot的实现，它们在我们内部积累了各种印象。

这一过程"超越"我们之上展开；因此我们不能走入我们的记忆，并从中取出特定的画面。例如，当我们走在街上时，我们可能会遇到熟悉的香味，将短暂地使我们想起童年时代的情景。随着场景出现，记忆又消失了，而我们无法理解它出现的目的。但是，在这个世界上没有什么是偶然的；所有的记忆仅仅根据它们对实现当前Reshimot的必要性而浮现。

所有的灵魂都在一个单一的全面的系统内相互连接着。因此我们可以说那个记忆对大家同样是共有的。当一个人与其他每个灵魂之间的连接变得越来越紧密的时候，这一点也变得越来越清晰。我们越有意识地朝着这个系统去运作，越多的记忆就会浮现在我们内部，伴随着他们，我们获得越来越多的集体的能力和精神的达成。如果我们达到一种不仅与他人结合在一起，而且运用他们的容器如同运用我们自己的容器一样的程度，我们当然可以利用他们内部的所有一切。

1.8 思想的力量

思想是一个非常强大的力量。在剧情式记录片 *What the Bleep Do We Know?*《我们到底知道什么？》中，约翰·海杰林(Dr. John Hagelin)博士讲述了一个在华盛顿地区进行的集体冥想的实验。根据海杰林博士所述，那次专门为了减少华盛顿地区犯罪率的集体冥想的静坐带来了令人难忘的成果，那年夏天的犯罪率下降了25%。

然而，在这种行为中，仍然不存在选择的自由，因为执行整个过程的是Reshimot——它产生的结果使人们去进行大规模的集体冥想的静坐，以及随后的犯罪率下降也是它的产物。无论如何，目前我们只是在想按照人类愿望的一贯做法运作，而不是按照超越它的、"管理"着我们的更高的层次来运作。

为了一个共同目标将一群人聚在一起会产生一种巨大的力量。这确实如此，因为这样做，每个人都无意识地使用了那个已经存在着的、他们在其中一直是互相连接在一起的系统。即使人们为了一个很坏的目标聚在一起，他们也一样会唤醒一种强大的力量。

思想改变现实，因为一个思想是其愿望的表达。不管我们想要现实变成什么样，我们看上去都是在将我们的未来放置到理想的方

向上。

如果是由于犯罪率上升,而使成千上万的人聚在一起冥想去降低它们,它们将会减少,因为这个实验中的那些参与者将自己的意志嵌入到了Reshimot当中。Reshimot是一个有待发展的潜在状态,人们对待Reshimot的态度可以影响到Reshimot将要展开的形式。

将人们连接在一个共同的思想中创建出了一个和Ein Sof状态等同的一种状态,在Ein Sof状态中,所有灵魂是互相连接在一起的。我们应该说明,即使人们的连接不是为了接近创造者,也就是为了给予的目的,这种等同性同样存在。换言之,只要人们连接在一起,和系统的等同性始终起作用,而不管它对创造者有无联系。人们相互之间的连接会吸引上面的力量,这改变了Reshimot展开时似乎采用的方式。然而,我们必须牢记我们对待Reshimot的态度也在Reshimot中被预定好了。

让我们用这个集体冥想静坐的例子阐明有关自由选择这一微妙问题。需要强调两点:

- 在唤醒一个使用集体力量的愿望后,一个人运用了这一力量,并取得了一个令人印象深刻的结果;
- 激活愿望产生了一个实际的结果,因为那个人利用了Reshimot、系统以及"光"。

事实上,这个例子中所有的行为没有任何一个单独的动作来自于个人,因为是在Reshimot的激励下那个人才采取行动。与任何其他的机器一样,这个人执行了一项行为,并产生了一个特定的结果。在整个过程中这个人唯一参与的只是记录那个原因和结果。事实上,因为我们获得在精神世界中的独立存在,我们的知识只不过是在记录原因和结果而已。

1.9 Reshimot(精神基因)的链条

我们对现实的感知是我们对"更高之光"的感觉。对"光"的感觉的测量结果被称为"这个世界"或"精神世界"。这个世界是通过一个利己主义的意图得到的、对"更高之光"的感觉，而用利他主义的意图得到的、对"更高之光"的感觉、感知到的世界被称为"精神世界"。这些描述表达了我们和"更高之光"之间的关系的两种形式。

我们对待"更高之光"的态度决定了我们所处的状态，它确定了我们位于哪一个世界，并处在何种层次。这个态度是由从零的层次向前发展的我们的Reshimot决定的。这些Reshimot按照一个特定的顺序演变发展，从静止层次开始，经过植物和动物层次，直到语言的层次—也就是人类的层次。语言的层次(人类的层次)继续在其内部经历静止、植物、动物以及(精神)语言等层次的发展。Reshimot的链条决定了一切，除此以外，什么都不存在。

Reshimot在我们的内部唤起我们越来越强烈的愿望，从物质生存层面的那些愿望开始(对于性、食物和家庭的需要)，发展到对财富、荣誉、权力等愿望的追求，最终产生对知识的渴望。

科学家们使用在人类这个物种中存在的最高的愿望—对知识和学问的渴求(Reshimot)来进行工作。一旦我们耗尽在利己主义的接受的愿望中所有的Reshimot，我们就被要求开始我们的改正，以进一步向前发展。

卡巴拉从我们研究现实的能力穷尽之处开始。这是因为卡巴拉智慧使得一个人的Reshimot从利己主义转变为利他主义。利他地实现一个Reshimot使得研究者超越在这个研究员内部被唤醒的Reshimot实现的层次，这将把我们带到调节Reshimot使其诱导我们进入精神世界的力量的层次。在精神世界中，研究者探索形成一个

人的虚拟现实的根源处的那些力量,这也正是那些科学家们竭尽全力一直在寻找的力量。

科学家们处在这个世界的愿望能够到达的最高发展层次。这正是他们所处的困境所在:他们无法找到这一切事物的根源,或者了解在物质之上到底发生了什么。他们确实成功地假定了超越物质之外存在着思想,而且这个思想可能是一个爱和给予的思想。他们甚至开始公开声明一定存在着研究现实的另外一条路径。可惜的是,他们无法找到它。没有卡巴拉智慧的帮助,想改变实现Reshimot的固有的方式是不可能的。

无疑,人类不得不在没有被告知,并征得我们同意的情况下,经历迄今为止所有Reshimot的实现过程。但今天,人类发现其自身内部有一种渴望想要知道其现在所处的绝望状态产生的原因,这种产生于人类内心的呐喊,促进了卡巴拉智慧的出现。卡巴拉将帮助人类实现如今正在快速演化的精神的Reshimot,促进如此多人越来越强烈地渴求精神探索的Reshimot。

如果人类等待着,直到其研究人员靠他们自己获得现实的真相,而不借助卡巴拉智慧的话,人类可能会发现有一天将遭遇前所未有的像雪崩一样到来的危机、失败和灾难。这就是为什么卡巴拉智慧如今浮现出来的原因,以便使人类可以更容易地度过这个转变的阶段。这也是卡巴拉学家一直想在人类陷入这些空前的灾难之前,试图对人类做出的解释。

2

被揭示的和被隐藏的

在这个世界和精神世界中,被揭示的和被隐藏的区别只是相对于我们而言。所有我们仍然不知道的一切,包括在这个世界上的,都被称为是"被隐藏的"。如果那些未知的变为已知的,它就变成了被揭示的部分,因此,在任何给定的时刻,我们都同时处在被揭示的和被隐藏的两者之中。这个世界和精神世界之间的区别取决于我们感知现实的形式和模式的方式。

精神世界是这样一种现实,我们感知它的方式既不是从我们自身内部也不是从环境中自然形成。这是因为精神的现实遵循的是和我们现在所具备的天性的法则相反的法则,精神世界需要我们反转我们的态度。但我们在哪里可以找到那个"对立的"力量来建立那个"对立的形式"呢?如果我们被自然地创造成只会建立利己主义的形式,我们将如何能够在我们内部建立任何利他的形式,并去感知利他主义的现实呢?

这样一个反转,需要经历一个被称为价值(Segula)的特殊过程。Segula是指跨越到更高的系统,然后再返回到个人的一个间接过程。通过卡巴拉的学习,一个人的思想会被拉近到更高的利他主义的思想。这个思想对接受的愿望或利己主义不产生作用,而只对利他主义的那个点—即心里之点产生作用。

心里之点和更高的思想之间的特性的相似性在它们之间创造出一种连接,而且他们拥有相同的性质。更高的思想作用于这个心里之点,并把它塑造成各种不同的形式。在精神的领域中,我们感觉

这些形式就好像存在于我们的外部。

实际上，这些形式根本不存在于我们的外部，而只是存在于我们的内部。就如同我们在这个世界上看到的一切幻像存在于我们外部一样，我们对精神世界的感觉也是一样的。但是，当我们获得了更多精神的形式时，我们就会了解，并开始知道在我们内部发展和创建出这些形式的更高的思想。

在走向知道这个思想的过程中，我们构建出越来越接近更高思想的内部形式。这样做，我们使自己和这个思想逐渐等同，直到这个思想成为一个人的"自我"，在那之后，一个人上升到这个思想起源的地方。

2.1 反转的世界

更高的力量在我们内部创造了现实的整个画面——我们的本性、性格、健康、意愿和思想，甚至我们的朋友、国家和我们生活的这个世界。这一切都是更高的力量为我们准备的。发生在我们内部和我们周围的一切都是为了将我们带到一个做出唯一的决定：与这个力量结合在一起。

但如果事情果真如此，我们应该问问，"这个所谓的仁慈的更高力量为什么要创造这样一种我们目前面临的残酷和痛苦的现实呢？"在这方面，卡巴拉学家说："那控告他人的，是在控告他自己的过错。"这个世界的画面是完全个人的、主观的，并完全受到一个人自己的内在品质的改正程度的影响。

在 *Concealment and Disclosure of the Face*《对脸的隐藏与揭示》这篇文章中，巴拉苏拉姆(Baal HaSulam)详细讲解了改变一个人的视野，改变一个人的感知工具的意义。在这篇文章中，巴拉苏拉姆(Baal HaSulam)论述道，从改正了的角度感知到的现象和从堕落

第四章 实现精神基因

的角度感知到的现象正好相反。通过利己主义的容器，看起来好像利己主义者获得了成功；而通过利他主义的容器来看，他们却似乎正在遭受痛苦。但这些人实际上在改变吗？他们会从富足跌落到破落，从极乐跌落到悲痛吗？此外，我们的改正能够改变我们观察的那些人的状态吗？

一个感觉到精神的现实，并同时观察到物质的现实的人，和一个没感觉到精神领域的人，在理解发生的事件和偶发事件上的态度、看法是不同的。这样的人只看到自私自利的行为在我们的这个世界中是如何表现为不真实的、有害的，并且会在更高的力量和它们的行为者之间制造出越来越远的距离。

在自私自利的容器中，一种现象被认为越是令人愉快和感到满足，在一个感觉到精神世界的人的眼中，它离更高力量的本质却越远。在这样的状态下，那个人会感到它更令人痛苦，因为它使得那个人和更高的力量、和那个给予的品质之间的距离越来越疏远了。

2.2 矛盾的现象

看来很难让人们相信，研究人员会同意这样一个观点："我们在自己的眼前创造出了这个世界的画面。"这是因为这将意味着没有什么更多的东西可以去研究的了，而且，研究人员通常被认为就是那些渴望改变世界的人。但使用这种传统的研究方法改变世界是不可能的。在这一点上，卡巴拉为研究者提供了新的工具，使他们能够研究自己，并由此来改变世界。

换言之，卡巴拉将协助一个诚实的研究人员达到他或她想从一开始就想达到的目标—改变世界。但是，这个改变将是内部的，而非外部的。卡巴拉智慧将使人类及科学的感知发展到下一个超越时间、空间和运动的全新的阶段。在那种状态中，所有研究人员在今

163

天看到的似乎矛盾的现象都将消融而变得理所当然。

现在，我们同样能够理解我们的愿望是如何逐渐地演变发展的。我们从对财富的渴望，发展到对荣誉和权力的渴望，并最终到达对知识的渴求，现在我们已经发展到了追求精神愿望的阶段，这个愿望导致了我们对卡巴拉智慧的揭示。

一位研究卡巴拉智慧的科学家将熟悉创造的基础原理。这样一位科学家将会惊奇地发现事物是如此紧密地和物质世界中被发现的规则连接在一起。随后，物质世界的法则与精神世界的法则之间的这种等同性将帮助研究人员解决当代生活中各个领域中存在的问题。

在生态、心理、社会或政治领域，在科学的各个领域中，我们都面临着"正确的公式"的缺乏。在过去，事情没有这么复杂。例如，在牛顿的时代，只要发现少数几个公式就足以解释一切事物。但今天我们已上升到深入研究物质的一个全新的层次，在这个层次上，我们缺乏可以解释物质的总体行为的公式。

如果科学自称是从事有关人类和他们生活的这个世界的研究的话，卡巴拉指出，在我们研究的所有领域中，我们实际上只是在研究我们自己本身，而不是在研究我们周围的世界。在物理、化学、生理、生态或任何其他科学中，我们并非在研究外部世界，而是在研究我们内在的世界、我们内在的容器。现代科学发现传统的研究已经耗尽了它们本身。现在需要的一切就是认识到整个世界实际上都存在于我们自己的内部，存在于我们自己的感官之内。

2.3 一门新的科学

我们今天无法看到的现实，我们受过去的思想的影响和禁锢而导致的无知，我们与社会和环境相融的无能等等，全部都是由于我们认为世界存在于我们的外部这样一个错误的前提所导致的结果。这就是为什么我们没有能力制订出清晰、可持续的规则为我们提供可靠和安全的支撑。我们必须明白，我们都是从发生在我们自身内部的感知在判断一切事物的，如果研究人员同意这个观点，这将标志着一门新的科学的开始。

这门新科学将有助于我们清楚地了解我们生活的这个世界，并和现实建立起一种正确的联系。为给人类带来改正的方法，我们必须适应我们存在于我们自己内部的这个全新的观点。不可否认，改变对现实的认知方式可不是一件小事，尤其是今天，我们要面对的这样一个根本的改变。在过去，当一种新思想或方法产生出来时，它们总是需要时间来被接受。

所有最难的部分是向这种新的感知模式的转变，因为根据这个新的感知模式，除了正在感知的个人以外，一切都不存在。所有以前的认知模式都坚决主张无论是在思想或是在行动中，在我们的外部都存在着和我们连接在一起的东西。人类是创造者唯一的创造物以及除了正在感知的个人之外，只有"更高之光"存在的这一全新论断确实很难让人理解。

理解我们感觉到的一切都不过是内部的现象，并不是一个简单的心理转换。它其实是一种迫使我们向内在探索的一个根本转变。一个人不能只是同意这个新的感知方式，而是必须培养和提高自己的内在的品质，使它们的形式最终变得和外部的"更高之光"的品质相等同。当一个人的品质改变，不再与创造者的品质相对立时，他就会开始感知，并发现创造者。在那种状态，一个人相对于"更高之光"变得"透明"，而且，人类的本质—接受的愿望—也不再充当人类与"更高之光"之间的分隔物。

* * *

卡巴拉介绍说我们感知的工具是由5部分组成的；其中的3个部分被称为"内部的容器"，而另外的2个被称为"外部的容器"。用内部的容器，我们感觉到的是我们自己，而用那些外部的容器，我们感觉到的是我们周围的世界。那些外部的容器创建出一种存在一个外部现实的感觉，这是因为它们是不完整的容器，而且还没有完全发展出来。

当一个人最大程度地改正自己的容器(包括外部的容器)时，那个外部的世界也将会被感知而成为是内部的。因此，那个外部的世界将消失，会变成充满整个现实的单一的"光"。由于正在进行改正的人通过消除自己和"更高之光"之间存在的品质上的所有差异，并且已经开始等同于"更高之光"，这个人将处于和"更高之光"互相可感知的一种状态。这种状态被称为融合(Dvekut)，一种一个人与"更高之光"完全结合在一起的状态。

* * *

量子物理学发现的作为粒子的物质的行为和作为波的物质的行为之间的差别，就等同于作为接受的愿望的物质和"更高之光"之间的差别。通过卡巴拉，人类将会知道物质(接受的愿望)需要演化到达哪种最终状态，也就是为了在物质和"光"之间取得形式等同。

在那时，从我们的角度会看到在一个波和一个粒子之间，或者在"光"与物质之间没有区别。在目前的状态下，我们没有能力比较两个互相矛盾的事物，并将它们放在同一个屋檐下。只有当一个人真正认知到现实存在于内部，而在外部没有任何东西时，只有当一个人放弃"我"和"我的外部"的固有观念时，这些对立面才会融合为一体。

3

自然的法则

我们生活在一个我们只知道其中一部分的世界中。在自然界中，存在着很多法则，其中一些我们很容易发现，因为在我们自己日常的生活中，它们很明显。比如，万有引力法则很显而易见，因为如果我们在没有合适的飞行器械而试图去飞行时，我们将会直接摔到地面上。

有些法则只适用于这个地球，而有些也适用于太空。这些法则中的一些可以通过感官和我们的身体被感知到，但也有很多其他法则，比如辐射规律，其行为却是我们感觉不到的。我们只能看到它们产生的现象，我们不能感觉、听到或看到波，但是我们确实可以探测并认识到它们产生的结果和影响。

但也有其他的法则，我们并不知道它们的影响。有时，我们感觉到某些现象，但我们不能清楚地确定它们的起源。不论任何一种方式，我们的经验证明，如果我们能够知道影响世界的所有法则的话，我们就有可能会快乐和成功。

有些规则我们从经验中可以学到，有些行为规则是孩子们从他们的父母、亲友、环境和整个社会中学到的。我们通过教育学习到的规则，并不是我们天生就知道的。它们是否真的就是以这种方式存在于世界，对我们来说并不是清楚的，但我们的教育工作者以不同的方式说服我们，它们就是这样的，并告诉我们这是一个值得信任的路径。如果孩子们能够自己看到他们被告知的有些规则是错误的，他们就不会那样去做。

如果一个人不能亲自理解用残忍和邪恶的手段对待他人是一种坏的行为，如果一个人看不到盗窃是一种负面现象，社会将会通过对这些相关行为施加的惩罚来使你认识到这些。

如果我们知道在现实中存在一种法律决定了：如果我们偷窃，自然将会回应我们一个负面的反应的话，我们就不会去做它；如果我们知道偷窃带来的惩罚是疾病或导致我们或我们所爱的人发生可怕的事情的话，我们就会避免去偷窃。因此，在一个人不知道这个法律以及一个人的行为可能会产生怎样的后果时，社会可以帮助一个人确定哪些规则是必须遵守的，并且相应建立起一套奖惩制度和规则系统。

显然，我们很想知道自然的法则是如何运作的，以便我们能够根据它来相应地行动，但是我们与社会以及和更高力量之间的关系的规则似乎是向我们隐藏着的。卡巴拉指出，只有当一个人彻底理解(达成)这些规则时，这个人才能够遵循这些规则。当人类揭示整个系统，并且理解自己与更高的力量之间的连接关系时，我们肯定能够遵照现实的普遍法则，也就是爱和给予的法则来行动。但在此之前，我们无法强迫任何人进入这样一种状态。

* * *

在卡巴拉科学当中，"上帝"与"自然"这两个单词的数字值是相同的(都是86)。这种等值强调了围绕我们的所有的自然，无论是这个世界，还是更高的、精神的世界的所有力量，全都是上帝本身。那些力量组成的这个系统，正是创造者在我们面前的具体化的显现形式。

我们知道，在这个物理级别的世界的那些法则，而且也许在几百年内，我们也会了解其他的额外的法则，但这并不是我们的问题产生的根源。随着我们的进化，我们一定要知道那些精神的法则，

第四章 实现精神基因

也就是在那些存在于我们内部的与那个人类层面相关的精神法则。

目前,我们不仅不知道它们,而且我们甚至还没有接近于知道它们。因此,人类一代比一代在陷入更深层次的困境中,而且我们的情况也变得越来越令人绝望。我们在物理学、化学、生物学或任何其他领域的科学中发现的物质的规律都不会给我们带来帮助。用科学的发现去造福人类的方法不会使我们的生活变得更加美好、更加安全或更加完整,原因是因为我们没有遵守那些精神的法则。

如果人类的利己主义阻止我们去按照每个人应得的利益去分配,即使我们通过学习如何增产,收获了更多的粮食,这又有什么益处呢?人类正在使用每一个自己已经发现的法则在对抗着他们自己,因为他们还没有改正自己以使自己能够被称做为人类。我们会遭受痛苦的原因,是因为我们不知道如何操控存在于我们自己内在的那个语言的,人的层面。全人类的所有问题的根源就源于这样一个事实:我们没有使自己正确的行为。

人类互相残杀,他们沮丧、害怕,并绝望。所有这些现象都是存在于我们内部的这个语言层面而产生的弊病,而不是在我们内部的那些静止的、植物的或动物的层面等产生的问题。对属于我们内部的那些静止层面、植物层面以及动物层面的任何事物,我们并没有感觉不好。

我们有食物、水和住所。过去的历代人生活条件都很严酷,但人们却更快乐。而我们却感到不幸福,这一切都源于在我们内部的那个语言的层面和自然的力量之间存在的不平衡。除非我们改变、研究这些力量,并与它取得等同,否则这种状态将永远不会改变。

我们就像是永动机的引擎上的一颗螺丝钉,如果我们不是精确地处于正确的位置上,如果我们和整个机器没有同步运作,我们就

169

一定会感到不舒服。我们并没有急于根据这些力量来改正我们的处境的事实，最终可能使这些力量反过来对抗我们。在一两千年前，人类与自然这部机器并没有如此对立。但今天，我们虽然发展得更先进，但却变得更加自私自利、更残暴，并因此与自然的法则处于一种更大的反差当中。巴拉苏拉姆(Baal HaSulam)说，这正是我们的痛苦随着每一代在不断加剧的原因。

……自然，就像一个非常称职的法官，根据我们的发展惩罚着我们、我们可以看到人类发展的范围延伸到哪，痛苦和折磨就跟着增加并延伸到哪……除了我们今天正在遭受的打击之外，我们还必须考虑那把悬在未来的利剑，而且我们必将得出那个正确的结论：自然会最终战胜我们，我们将被迫不得不联起手来并尽我们最大的努力去一起遵守这些诫律。

——巴拉苏拉姆(Baal HaSulam)，《和平》

这个自然的法则系统永不停息地作用在我们身上，在这方面它不会征求我们在这件事上的意见。如果我们知道它，我们将会与它友好相处，并因而过着幸福的生活。但如果我们不研究它，随着我们继续进化发展，我们与这个系统的平衡状态将会相去越来越远，我们也将感到越来越不舒服。

为了发现精神的法则，我们必须开始改变我们自己，并按照这些法则来行动。这就是为什么现在我们被给予卡巴拉智慧的原因。因此，到目前为止，我们已认识和发展出了有关静止、植物、动物等各个层面的科学，如今与语言的人类的层面相关的卡巴拉智慧正在浮现出来。

4

卡巴拉——真正的现代科学

与其他任何科学不同，卡巴拉将为我们揭示更高的世界。这就是它为什么常被称为"智慧"，而不是"科学"。卡巴拉智慧采用的实证科学的方法和应用于其他领域的研究都基于相同的研究原理。同样，卡巴拉也将观察者作为研究人员，并且也从一个人感觉现实的主观角度来研究现实。与人类研究的任何其他领域相比较，卡巴拉智慧的独特性在于其研究的对象是现实的更高的部分。

卡巴拉智慧使人们到达现实的根源，那不仅仅是整体的另一个片段，而是之前我们从未到达过的现实的最高层次。到达现实的根源给予研究人员在一个事件在我们这个世界发生之前就控制这些事件发生的能力，以及赋予我们干预和改变它们的能力；运用他们独特的方式领导并引导这些事件的展开。

如果我们能以这样一种方式决定我们的愿望，使得整个现实在我们看来都在朝向给予创造者的方向上发展，如果我们想生活在这样一种现实中，在这里，所有五官都致力于一个单一的目标的实现，也就是都在为了使创造者快乐而服务，那么，在那种状态中，我们将在这个"第六感"的范围和层次上，决定我们对现实的态度。这意味着持有一种利他主义的态度看待现实时，我们会产生一种与通过我们的五官感知到的物质现实特性完全不同的一种现实。我们不再只感知到现实的一个小小的部分，而是到达它的最根源处，上升到现实的控制室、现实的总部。

这样做，我们可以上升至超越创造物的水平，而达到创造者的高度，也就是"穿"在世俗的物质之内的那个更高的力量的源头之处。如果我们改变我们对那些还处于它们的根源的力量的态度，我们感知它们"穿"在我们的世界内的形式会是一种完全不同的形式。空虚的感觉将会让位于对"更高之光"的感觉。

现实一直在不停地朝着创造者将自己启示给他的创造物的方向前进。一切都取决于一个人对待现实的态度。如果创造物心甘情愿地向这一目标迈进，通过使自己变得类似于创造者，那个人对创造者的启示的体验，将是一个流经自己，并持续增强的丰富的涌流。相反，如果对创造者的启示表现为不情愿，也就是创造物不愿意付诸努力去变得类似于创造者时，对创造者的启示将被感知为是一种威胁和邪恶，这一切都是由利己主义的个人和以给予为其特性的更高现实在形式上存在的差距所引发的。

在一种和创造者形式存在着差异的状态下，揭示创造者将为一个人的生命带来黑暗。这个黑暗是"更高之光"的"背面"。"更高之光"已经充满我们，但我们目前却无法发现它，而且，黑暗的出现是为了作为一个邀请我们改变我们对待现实的态度并发现"更高之光"的邀请的号角。

第六感并没有被添加到我们的5种自然的感官里面；而是单独地位于他们的上面。正如我们这个接受的愿望是通过5种感知的模式、即我们的五官来感知物质的现实那样，我们的第六感同样包括感知更高现实的5种感知模式。在这个第六感的帮助下，另一个现实在其五官内被感知到，而这就是从黑暗向光明的转变，从空虚、恐惧和折磨，向丰富、安全、宁静、永恒和完美的转变。

获得这个第六感可以通过丰富的正面印象扩展我们的知识。当我们获得了这种感官时，"更高之光"将作为一种丰富充满这些容

第四章 实现精神基因

器,而不再表现为黑暗。这种新的状态会改变科学研究的结果。物理学家和化学家,生物学家将获得他们的新的研究结果,仿佛发现了那个硬币未知的另一面。人类将停止研究没有"光"的饱受苦难的容器,取而代之的是,在一种真正自由的意志下,我们将会朝着创造者的"光"的方向蓬勃发展,茁壮成长。

这样的存在将是从"更高之光"的角度以及从一个已改正的容器(Kli)的角度来看的一种真正存在,因为,带着利他主义的目的,使得这个容器(Kli)变成像"光"一样,并获得了"光"的形式和品质。人类将通过利用第六感—即利他主义的意图去发展科学。通过和"更高之光"等,同吸引到"更高之光",将为人类展露出自然的不同的存在状态,这是一种正面积极的而非负面消极的存在方式。

存在的所有层面都包含在人的内部,它们与他共起共落,兴衰与共。如果一个人变成一个"真正"的人,也就是像创造者那样,那么自然的所有层次,非生命的、植物的和动物的层次,都将获得一种完全不同的滋养和满足。当人类变得像创造者一样时,我们这个世界将会与Beria,Yetzira,Assiya等各个世界合并,并与它们一起上升到Ein Sof无限世界。然后自然的所有一切都将上升并与创造者结合在一起。

在利己主义和堕落的状态中,一个人看不出现实的画面是空虚的,而且在其中他也看不到创造者的存在。随着这个第六感的获得,创造者展现为现实的提供者。他展现在现实的每一个细节里面,结果,5种感官的感觉证明那个状态的存在,仿佛它们是从创造者那儿来的礼物。在那种状态下,这个世界表现为一个人和创造者接触的程度的度量衡,呈现为个人与创造者之间的黏结度的度量值。

一个人越强烈地感觉到创造者充满在现实中,这个人就越多地

发现创造者存在于自己的内部，并引导自我的感觉转向对创造者的感觉，而且这个人就会更多地失去对自我的感觉。所有保留的只是作为一个观察者存在的一个微小的点，观察着对创造者从内在或从外在的揭示。这就是为什么卡巴拉说，创造者创造了容器(Kli)，并同时用世界的画面充满了它。

正是通过"自我的消失"这个感觉，一个机会的大门在一个人面前得以敞开，他可以开始去确定自己。正是在这一精确的点上，一个人可以完全决定自己对待现实的独立的态度。

通过辨别出这个Kli不是属于自己的，也就是它的填充物并不归属于自己，一个人开始认知到自己决定对待现实的态度的能力。在这一点，一个人开始在五官之上培养第六感，并在这个感官上建立一个人的真我(self)。从这个容器(Kli)的角度看，一个人决定如何去感觉Kli中的填充物，并根据填充物来决定一个人的身份。这就是一个人是如何在被称为"卡巴拉智慧"中实现喷射式快速进化成长的。

因此，我们看到人类通过自己的五官研究培育出的科学仅仅只反映了整个现实画面的一个很小部分。很多变化将继续展现在科学中，而且其研究的边界也将远远超越目前的知识和发现。人类已经发现的那一小部分现实只是从我们这些空虚的容器中揭示出来的，而不是来自改正后的容器中所展现的丰富内容。科学家们对他们已经到达了研究的死胡同的这一认知，实际上正是对这些空虚的容器的认识。人类已经发现了所有它能在这些容器内发现的东西，而"光"却还没有出现在这个Kli容器之中。

人类的科学和它的所有分支都是从一个缺乏丰富的位置处得到的知识的积累。科学，像每个人类从事的其他事业一样，都呈现出对发展的消极性和无能为力。今天，容器中对丰裕充足的缺乏，正

第四章 实现精神基因

将人类领向一个更深层次的绝望。整个人类都开始承认，所有世俗的快乐包括性、食物、家庭、财富、荣誉、权力和知识等等都没有为人类提供真正的幸福和满足，而只是将我们扔在空虚感之中。这个空虚感正是渴望揭示更高的精神世界的科学，也就是卡巴拉智慧背后的驱动力。

很多科学家和哲学家都承认他们感到这个世界正处在一个真正的威胁中。从他们的角度看，人类不仅已失去了控制，而且也不知道它将要走向哪里。在人类走到将要消灭人类自己生活的方方面面，包括生态、社会、经济和文化、研究和教育等的鸿沟的边缘之前，自然只留给人类几年的时间去继续发展。科学家们已经明白，如果不发现创造的思想，不了解物质产生的本质，科学就不可能再向前取得任何进展。他们留给人类仅仅只有几年的进化发展时间，并且都认识到整个人类正面临着一个前所未有的危机。

以前，人类也遭遇各种困境，但它们总是只在人类生活的某个单一的领域中出现：宗教、文化、工业或科学。当一个领域衰败时，其他领域升上来取代其位置；新思想更换旧思想，世界也由此走向一个又一个新的纪元。但是，今天，人类从事的所有的事业都已经到达了一个全面否定的状态。

人类似乎正走回到宗教，就如以前科学、工业主义和文化取代宗教的位置时的状况一样。事实上，这一次却呈现出一种非常不同的形式。这一次的全球性的宗教热潮和各种各样的神秘教义的出现，并非是由于它们对人们产生的强大吸引力，而是因为人类缺乏可供选择的选项所致。

人类正在失去对科学技术将改善其生存状态，并能将其苦难的生活变得甜美幸福的希望。宗教再次吸引人们的理由是人们想再尝试一次，再了解一次，并且这也会是最后一次证明人类在宗教中是

找不到解决目前这个危机的药方和解药的。

宗教设计了各种理论与哲学，认为科学和宗教可以进行合并，从而改善我们的生活。但这一概念也将会被证明是错误的。这一次宗教的再度兴起将是最后的一次。它将导致人们认识宗教没有能力为将要浮现的那些空虚的容器提供一个真正的答案。

因此，今天正在不断演化的所有过程和危机是人类在利己主义的容器中数千年进化的历史的一个总结。从这里开始，我们必须培养新的利他主义的容器。这些容器将在我们面前展现一个丰裕、完美、永恒和"光"明的完全不同的现实。而最后，所有人类都将发现那个现实，而这正是创造的目的。

附 录

1 术语表

在所有的现实中，除了创造者和创造物，即"光"和容器，或者更高的和更低的之外，别无他物。卡巴拉著作采用多个名字和称呼就是为了用于强调描写它们之间的关系的方方面面。以下是我们可以用于描述它们的主要属性。

创造者	创造物
更高的力量、"更高之光"、更高的、"光"、创造者、上帝、神性、创造者、给予的特性、给予的愿望、取悦别人的愿望、上面的本性、利他主义的本性、精神本性、Bina的品质、给予者、领导者、"光"的发出者、主权、引导。	容器(Kli)、创造物、灵魂、接受的品质、接受的愿望、更低的本性、利己主义的本性、肉体的特性、物质的本性、Malchut的品质、接受者

卡巴拉学家既从上面的角度也从下面的角度来识别各种事件、行动和行为方式，并赋予它们每一个独特、唯一的名称。他们这样做是为了帮助那些精神世界的探索者在其探索的道路上可以在其中找到他们的路。本书是为那些还没有到达精神世界的人而写的，也正是这个原因，并没有强调这些不同名称之间的区别。

卡巴拉的每个术语都富有很多的内涵，具体取决于其上下文和现实的其他元素的联系。因此，这些术语表中的定义的目的是为了描述在这本书中介绍的上下文中的术语。

附录

术 语	定 义
抽象的形式	没有"穿"在物质身上的给予的形式。
亚当(指总体上的人或全人类)	获得给予的品质并与创造者、"更高之光"等同的接受的愿望。亚当这个名字来源于希伯来语Adame la Elyon("我将与最高者一样"《圣经》,以赛亚书 14:14)。
Adam ha Rishon 共同的灵魂亚当	包含所有灵魂个体的总体的灵魂(或系统,其中每个灵魂个体都下降到了这个世界并"穿"上人的身体。
融合	当创造物的形式和创造者的形式等同时的结果。
利他主义	改正后的接受的愿望,其意图是为了取悦别人,而不是为自己接受快乐;给予他人的愿望。
达成	理解的最高阶段,完全感知到一个状态中的每个单一的元素。
创造者的品质	给予的品质。
创造物的品质	接受的品质。
Aviut(厚度)	在创造物中接受的愿望的强度的度量。
壁垒	这个世界和精神世界之间的分界线。
仁慈的 (好,且只做好的)	创造者对待其创造物的态度。
给予创造者	从创造者处接受快乐,但意图却是为了使创造者高兴。
破碎(亚当的原罪)	在创造物自身内享受"光"的意图的形成过程。
"穿"上 ("穿"上了)	一种特性取得其他特性的形式,并通过它表现一个特定行动的过程。
肉体世界	使自己享乐的愿望。
改正	从接受的愿望改变为给予的愿望。

179

物质世界的创造	接受的愿望离开创造者,从给予的形式,降落到最后的也是最低的层次的过程。
创造者	指一个人在其改正的最后到达的层次。希伯来语创造者(Boreh)来自来看(Bo Re'eh)。这是一个人应该自己来和看的层次,意思是要靠一个人自己到达那一层次。
创造物	发现了它与创造者的连接的接受的愿望。
达成的程度	改正意图的阶段,在其中给予的品质被感觉到。
渴求	接受的愿望的添加剂。创造物为了获得其想要的东西而付出的努力唤醒了其内部。
亚当 (Adam ha Rishon) 灵魂的分裂	整个灵魂分裂为不同的单个灵魂,也就是个体的愿望。当在共同的灵魂亚当中的所有愿望都有着共同的给予创造者的意图时,它们就团结为一体;当在这些愿望中这个意图的目的变为自我满足时,每一个愿望都感觉到自己与其他愿望分离,因而统一的灵魂分裂。
利己主义	接受的愿望,它是整个创造的实质,其中并没有好或坏之分,它是一种有意识地为了取悦自己而去接受的意图。这个意图直接或间接地危害他人。
改正结束	指创造物的形式和创造者的形式取得完全等同时的状态。
形式等同	获得给予的品质,而不是接受的品质。
本质	所有形式的根源和基础。
永恒	接受的愿望与给予的品质的结合,给接受的愿望带来一种无限制的接受到"光"的感觉。
接受的愿望的演变发展	这个术语与接受的愿望本身无关,而与使用它的意图有关。所有的愿望,从最小到最大,都在我们的内部。这些愿望在我们的内部被唤醒以使我们到达为了给予创造者的目的。换言之,演变发展是在意图中进行的,正是这个意图使我们能够使用其他额外的愿望。
填充 (充满、满足)	在接受的愿望或给予的愿望中,感受到满足的感觉。

"穿"在物质中的形式	接受的愿望采用给予的形式。
形式(模式)	接受或给予的方式。
从上向下	在创造物中，接受的愿望的产生和给予的力量消失的过程。
自下往上	在创造物中，给予的力量逐渐战胜接受的力量的过程。
普遍法则	给予的法则，这一法则涵盖整个现实，并且强制它的所有部分在它们的形式上与它等同。
上帝/神	给予的总体的力量，它指引所有的灵魂并将它们带到与它形式等同的状态。他投射那个神圣的品质给接受者。
神圣、"更高之光"、更高的力量	指引现实的给予的品质，包括在更高的世界和我们这个世界的所有的法则。
胚胎期、婴儿期、成人期	创造物从精神的诞生，到完全改正的过程中经历的3个状态。
创造者的形象	在接受的愿望中，改正了的意图的总和，这些意图在这些愿望中，被感知为创造者的形象。
为了给予	一种意图是为了把快乐带给别人或创造者的行为。
为了接受	一种意图是为了把快乐带给自己的行为。
轮回转世	在这个世界中，灵魂经历的，它们"穿"上不同身体时的状态。
结合	内在品质的结合(连接)。
内部之"光"	在创造物中，根据它与"光"的形式等同的程度，在创造物中对创造者的揭示。
内部的容器、外部的容器	现实的画面是创造物在自己的感知容器中感知到的。内在的容器是已经充分改正的产生出对内部现实的感觉的容器；外部的容器是一部分改正的容器，根据它们改正的程度，相应产生出对外部的、遥远的现实的感知。一个容器(Kli)改正得越多，通过它感知的现实就越接近真实，一个容器(Kli)改正得越少，通过它感知到的现实就越远离真实。

意图(目的)	利用接受的愿望的目的,是为使自己受益,还是使别人受益。
卡巴拉学家	已经获得和创造者之间形式等同的程度的创造物。
容器(Kli)	接收填充物的地方。
劳作 (努力,尽力)	接受的愿望为将快乐拉近自己所做的努力。
"光"	控制并充满所有灵魂的给予的力量。
改正之光、环绕之光、改正的光	改正利己主义本性,并将它提升至给予的品质的力量。
对创造者的爱	创造物尽自己所有努力为使创造者快乐的愿望。
对人的爱	满足其他人的需要,而不考虑自己的愿望。
更低的本性	接受的愿望。
Malchut de Ein Sof (Ein Sof世界的Malchut)	所有现实的总体愿望,由"更高之光"创造出来。
屏幕(Masach)	在创造物中产生的超越接受的愿望之上的给予别人的意图。
物质世界	通过5个身体感官感知到的现实。
实质	接受的愿望。
接近创造者	获得更多程度的给予的品质。
我们的世界	在接受的愿望中感觉到的现实。
Parsa	在更高的引导和领导者和被它们控制的创造物之间的边界。Parsa位于Atzilut世界和Beria,Yetzira,Assiya世界之间。
Partzuf	由10个Sefirot构成的一个结构,它通过和"更高之光"的形式等同来运作。

模式(形式)	接受或给予的方式。
完美	当创造物和创造者取得形式等同时的状态。
人(在这个世界)	接受的愿望处在一种创造者隐藏着的状态中。因此，这个接受的愿望既没有从创造者那儿接受，也没有给予创造者的意图。
快乐	满足接受的愿望的结果。
心里之点	想知道更高力量的愿望的觉醒。
创造的过程	在接受的愿望中感觉到的其发展与创造者形式等同的过程。
创造的目的	为他的创造物带来绝对的利益，也就是为了使创造物到达创造者的状态。
认知邪恶	认识到只为自己接受的意图是有害于创造物的精神进步的。
记忆恢复，精神基因(Reshimot)	还没有通过意图实现之前的愿望。它们是包含有那些在将来要实现的状态和形式等数据的"信息单元"。
对创造者的启示(揭示)	根据被加在接受的愿望之上的屏幕(Masach)的强弱程度，给予的品质在接受的愿望中的显露。
灵魂的根源	每个灵魂在共同的灵魂亚当(Adam ha Rishon)中的位置。
亚当的原罪(破碎)	在创造物自身中享受"光"的意图的形成过程。
第六感	即灵魂，给予的意图，屏幕(Masach)。所有这些都是指一个精神的容器(Kli)，根据它和更高力量之间形式等同的程度，接收并感知到更高的力量。
灵魂	给予的愿望。
精神诞生	在创造物的品质中，第一次获得给予(Masach)的意图。
精神的演变发展	指给予创造者满足的意图的演变发展，也是指给予的品质的演变发展。

精神的容器(Kli)	为了给予别人而接受满足的地方,一个给予别人的工具。
精神现实/精神世界	给予的品质以及在其中感觉到的所有事物。
10个Sefirot	创造物的10个部分。其中前面的9个部分是"光"的品质,其中第10个部分是接受的愿望。
更高的系统	一种接受的愿望和"光"处于互相给予的状态,正如在创造的思想中决定的一样。
Ein Sof世界	灵魂在其中可以无限制地给予创造者的状态。
这个世界	最小的接受的愿望。它没有取悦"更高之光"或被它取悦的意图。
创造的思想	创造的起因,与创造的目的关联,也就是与创造物的最终形式有关联。
给他的创造物带来利益	创造者对创造物的行为。
更高的力量、"更高之光"、神圣	领导现实的给予的品质,包括在更高的世界和我们这个世界中所有的个别法则。
更高的本性	给予的愿望。
更高的世界、精神世界	当一个人到达与更高的力量形式等同的某种程度时,呈现出的状态。
想要	接受的愿望在接受到填充物之前的印象。
给予的愿望	A)"更高之光"的本性。 B)一个人改正后的接受的愿望,一个人通过给予别人或创造者的意图去使用它。
取悦的意愿	在愿望之外带给陌生人快乐的意图,是给予的意图。
享受的愿望	接受愉悦和快乐的愿望。
接受的愿望	人的本性—满足自己的自然的愿望,是由"更高之光"创造出来的。

卡巴拉智慧	在容器(Kli)的演变发展的每一个阶段上"光"与容器(Kli)之间的关系的揭示,从现实创造的开始一直到其改正的结束。
各个世界	是一个人使自己的品质等同于更高力量的品质、即给予的品质的过程中所体验到的不同状态。
限制(Tzimtzum)	对不允许接受的愿望只为自我满足而接受做出的限制。

2 历代卡巴拉学家对卡巴拉的描述

- Moshe Chaim Lutzato(The Ramchal)(1707~1747)

人类从事的所有事情都被一个单一的、内在的前提指导着,并且这个内在性"穿"在所有人的内部。它就是被他们被称为"自然"的东西,它的数字计数和"Elohim"(上帝)相同。这就是创造者对哲学家们隐藏的真相。

——Ramchal,*The Book of the War of Moses*《摩西的战争》,15章

- Eliahu–The Vilna Gaon(1138~1204)

我们的老师,Vilna Gaon,广泛从事着自然的特性的研究和这个地球的研究,为的是达成Torah的智慧,以便在那些民族中纯净上帝的名,并将救赎拉得更近。从他年轻时,他就在所有的7个教义中都展现了奇迹。他还要求并吩咐他的门徒们,尽可能多地从事这7个世俗教义的研究,而这些也是为了提升Torah的智慧在其他民族的眼中的份量,以便提高以色列的智慧在世界的地位,正如经文所说:"因为这是你的智慧和你的理解在那些人民的眼中的见证 。"

——Hillel Shklover,以Vilna Gaon之称闻名,*The Voice of the Turtle-Dove*《斑鸠之声》,115页

关于对那7个教义的研究，我们的老师告诉我们："弥赛亚的启示将和Torah的智慧的启示携手一同来，并且将通过对隐匿在Torah中的秘密和对那7个教义里的揭示而显示出来。"这就是在光辉之书(VaYera 117)中所讲到的："在1840年，伴随着对弥赛亚的逐步启示的开始，智慧的大门将从上面打开，智慧的泉水也将从下面涌上来。"
　　——Hillel Shklover, 以Vilna Gaon之称闻名, *The Voice of the Turtle-Dove*《斑鸠之声》，117页

　　他会经常沉重的叹息并说："为什么这些民族会说，'以色列的智慧在哪里？'"，他会经常轻声告诉我们那些认知到我们的Torah(摩西五经)的人所做的确实是为了颂扬上帝的名，就如以色列的古代圣贤们所做过的那样。他们中有很多人通过研究来自创造者的奇迹的自然的秘密，而获得了广泛的知识，并利用这些知识来颂扬上帝之名。在世界各个民族中的正义者中，很多人也高度弘扬了以色列圣贤们的Torah智慧——例如Sanhedrin、Tanaaim、Amoraim的成员等，以及后代的那些成员，像我们的Rambam、Baal HaTosafot和其他一些人，他们也在世俗科学的探索研究中，在各个民族间，为净化上帝之名做出了大量的努力。
　　——Hillel Shklover, 以Vilna Gaon之称闻名, *The Voice of the Turtle-Dove*《斑鸠之声》，118页

　　研究那七个教义，可在各个民族的眼中，帮助他们达成(彻底了解)Torah智慧中隐藏着的那些秘密，提升以色列智慧的地位，并纯净上帝的名，而且同时将救赎带给世界。
　　——Hillel Shklover, 以Vilna Gaon之称闻名, *The Voice of the Turtle-Dove*《斑鸠之声》，118页

要想了解并达成包含在智慧的"更高之光"中的Torah智慧，研究学习隐藏在这个更低的世界、这个自然世界中的7个教义同样是必要的。

—Hillel Shklover，以Vilna Gaon之称闻名，*The Voice of the Turtle-Dove*《斑鸠之声》，119页

以下这些就是那7个教义：a)运算、属性和测量的智慧；b)创造和组合的智慧；c)医学和生长的智慧；d)推理、语法和律法的智慧；e)音乐和神圣的智慧；f)改正和结合的智慧；g)BRW(风和雨之间)的智慧和精神的力量。我们的老师彻底通晓所有这些教义。

——Hillel Shklover，以Vilna Gaon之称闻名，*The Voice of the Turtle-Dove*《斑鸠之声》，120页

• Abraham Yitzhak HaCohen Kook(1865～1935)

理性之所以发展，只是因为超越它的意识的界限之外，隐藏的部分为它做了科学和道德两方面的工作。那种普遍认为隐藏的部分遮掩了明确的科学和准确的批判的流行假设是错误的。实际上，正是通过隐藏的部分，伴随着它的樱鸣的力量和理性的深度，才使科学变得具有创新，精确并深刻的批判精神，也因而才为科学奠定了坚实的基础。通过将隐藏和批判主义这两块瑰宝中蕴藏的财富结合在一起，就为更高的神圣之"光"建立了一个坚实的基础，使他可以超越任何语言和认知。

——Kook，*Orot*《光》，92页

蕴涵在Torah中的无所不在的秘密—不论是从科学的角度，还是从情感的角度，或者从想象的角度—越多地出现，越多地传播，并变得越适合普通人去进行常规、不断的研究，那么，一个人的灵魂以及整个世界的灵魂就可以上升的越高。

——Kook，*Orot*《光》，90页

沿着时间长轴发生的各类事件，社会关系的增长和科学的扩展，都大大提炼了人类的精神。

—Kook，*Orot Emuna*《信仰之光》，67页

人类的未来确实终将到来，那时它会发展到如此健全的一种精神状态，以至于不仅每个专业都不再相互隐藏，而且每一门科学都会反映出整个科学的海洋，每一个情绪都将反映情感的完全的深度，就像这个事物在实际的现实中的本来面目那样。

——Kook，*Orot Kodesh A*《神圣之光A》，67页

这里存在着一种特定的崇高的美德，依靠它，知识变得越显而易见，那个隐藏范围的力量也变得越强大。

——Kook，*Orot Kodesh A*《神圣之光A》，65页

一个人应该始终竭尽全力使他自然的头脑的智力程度充满其所有的品质中，这样的话，"在一个健康身体中的健康灵魂"的内容也会在其精神的程度上被保留下来。

——Kook，*Orot Kodesh A*《神圣之光A》，66页

正如人应该变得习惯于物质的本性和它的各种力量，用控制他是其中的一个部分的那个世界的相同的规则，研究它的行为方式，并且，在它的内在控制就像从外在控制它们一样，所以，而且更应如此，他应该(而且必须)变得习惯于那些他只不过是其中的一个部分的那个控制着整个现实的精神本性的规则。

——Kook，摘自其手抄笔记本 *Treasures of the Raayah*《Raayah的宝藏》，1985年，23页，第4条

人类愿望的力量的巨大价值、它在现实中的程度和它的紧要性，还没有被通过Torah的秘密的揭示显现出来。而这个揭示将是所有科学的皇冠。

——Kook，*Orot Kodesh C*《神圣之光》，66页

科学将从事把所有的细节从潜在状态带进实际状态中，这是控制着世界的善良和诚实的本质所渴望实现的，而且它们是有价值的物质和精神生活的所有需要。

——Kook，*Orot Teshuva*《忏悔之光》，50页

大约在1923年，爱因斯坦教授访问了以色列。他和我们的Raayah Kook之间被安排了一次会议。

……Kook导师谈论到爱因斯坦教授的方法的综合性并评述它是古代犹太的文化瑰宝中常见的观念，这些观念是一些震惊整个人类的令人惊叹的启示，它们在我们古老的文献中一些隐藏的角落被发现，特别是那些超自然的秘密，它们闪电般高飞到达概念领域的最高点，并超越历史的演化进程在概念领域中的每一个层次。爱因斯坦让每个思想家都叹为观止的新的相对论方法的奇妙启示，同样也被发现其来源早就已经在超自然的秘密和卡巴拉著作中以及那些有关它们的评论中表述着。

……而且，爱因斯坦教授，通过他伟大的头脑的力量，穿越那智慧的海洋，并在其中找到了一条引出所有科学的思想和概念的路径。很自然地，爱因斯坦教授非常认真并很有兴趣地听取了这些话。他从哲学的视角评论了RAV对他的方法的理解，他的方法最终建立在对整个世界的构造的技术的认知上。

——2002年，Shmuel Shulman对Kook导师和阿尔伯特·爱因斯坦之间会谈的记录
Treasures of the Raayah《Raayah的宝藏》，87页，第1条

耶胡达阿斯拉格 Yehuda Leib HaLevi Ashlag（巴拉苏拉姆）(1884~1954)

……他们对于一个精神物质如何可能和物质的原子有任何一种联系，并如何带给它们任何一种运动还没有找到科学的解答。……在这里，我们只需要卡巴拉智慧以便以科学的方式向前迈出一步，因为世界上的所有教义都包含在卡巴拉智慧当中。

——巴拉苏拉姆(Baal HaSulam)，《自由》

……轮回化身在这个可见的现实的所有对象中都发生，并且每个对象，都在以自己的方式生存在一种永恒的生命中。虽然我们的感官告诉我们一切都是暂时的，但是，它只是看起来如此。但事实上这里只有化身，因为每个对象都没有休息片刻，只是在形式转化的车轮上不停地化身轮回着，在这个过程中其本质并没有任何的丢失，正如物理学家们已证实的那样。

——巴拉苏拉姆(Baal HaSulam)，《自由》

……你可以推断出关于真相的智慧，其中包含了所有世俗的教义，这7个世俗教义是它的7个小女儿。

——巴拉苏拉姆(Baal HaSulam)，《"生命之树"之书的导读》，第4项

正如一个人如果不具备有关自然的物质规律的一些知识就不能够维持他的身体的生存一样……同样，除非一个人掌握了有关精神世界的系统的本质规律的一些知识，否则其灵魂在下一个世界中也不会有任何生存能力……一个人会一次又一次地轮回，直到一个人获得了对真理的智慧的完全的达成。

——巴拉苏拉姆(Baal HaSulam)，《从我的肉身我应该看见上帝》

科学总体上分为两个部分。一部分被称为"物质知识";另一部分被称为"形式知识"。

……那部分对现实中的物质的品质进行研究的科学,同时即从事没有物质的形式的单纯的物质的品质的研究,又从事当物质和物质的形式结合在一起时物质的品质的研究时,这部分科学被称做是"物质知识"。这种知识是建立在实证的基础上,也就是建立在证据及从实践经验中得出的推论的基础上,而这些实践经验被用来作为其得出真实推论的坚实基础。

科学的第二部分,只从事从物质中剥离出来而与物质本身没有任何联系的形式的研究。

……因此,任何对这种科学的研究只建立在一个理论的基础上。这意味着它不是根据实际经验得出的,而只是来自理论探讨中的研究。所有那些高高在上的哲学都属于这个类别。因此,许多当代学者已放弃了这种方式,因为他们不满意于任何一种只建立在理论基础上的研究。他们认为,这是不确定的,因为他们认为只有那些有实证基础的才是确定的。

可以看到,卡巴拉的智慧也被分成上述两个部分:物质知识和形式知识。然而,相对于世俗科学而言,卡巴拉在这方面有着重大的优势。这是因为在卡巴拉里,即使是有关形式的那部分知识也是完全建立在对实践为前提的理性鉴别之上的,也就是基于经验、实践的基础之上的。

—巴拉苏拉姆(Baal HaSulam),《卡巴拉智慧中的物质和形式》

真理的智慧意味着那个揭示神圣的智慧、也就是揭示创造者对其创造物的作用的方式的智慧,同那些世俗的教义一样,应该从一代传递到另一代,而且每一代在其前者的基础上都添加上另一个链接。由此这个智慧不断得到演变发展,同时也越来越变得适合于更广大范围的大众去学习。

—巴拉苏拉姆(Baal HaSulam),《卡巴拉智慧和其本质》

就像在这个世界中的动物和它们维持生计的行为的现象是一种奇妙的智慧一样，神圣的丰富在这个世界的表现，包括在不同层次的存在形式及它们的运行模式，共同构成了一个奇妙的智慧，它远远比物理科学更加令人惊叹。这是因为物理科学只不过是某些特定物种的行为的知识，它是在一个特定的领域中被发现的并且只是针对这种物种的知识，而且在这个知识中不包含其他教义。

而那个有关真理的智慧却不是这样，因为它是对包括静止层次、植物层次、动物层次和语言层次在内的一种总体的普遍的知识，它适用并体现在所有世界中的这些层次的所有事件和行为当中，因为所有的事件和行为都整合在了创造者的思想当中，也就是说它都体现在这些有明确目标的载体中。因此，在这个世界的所有教义中，从最微不足道的到最伟大的，都是包含在这个智慧中的奇妙的部分。这个智慧使得那些就像从东和西互相不同并距离遥远的所有教义都变得等同。它用一种对这些教义都相同的顺序使它们等同，也就是直到使每个教义的运作都必须以自己的方式进行。

例如，物理科学正是根据那些世界的顺序和Sefirot被精确地排列的。同样地，天文学是由相同的顺序安排的，音乐和其他学科等等也是这样。因此，我们发现所有教义都遵从一种单一的连接和一个单一的比率方式被安排着——它们就像孩子都类似于他的祖先一样，都和真理的智慧相似。这就是为什么他们互相取决于对方，也就是说真理的智慧取决于所有的教义，而所有这些教义也都取决于这个真理的智慧。这也是为什么我们没有发现任何一个真正的卡巴拉学家不是对所有这些世俗教义有着全面的了解的，因为他们从这个真理的智慧本身获得了那些了解，因为它们全都包含在这个真理的智慧之中。

—巴拉苏拉姆(Baal HaSulam)，《卡巴拉智慧和其本质》

3

著名学者对卡巴拉的评述

· 约翰内斯·罗榭林(1455～1522)

罗榭林,德国人文主义者和当时总理政治顾问,也是经典的学者和古代语言和传统方面的专家(拉丁文、希腊和希伯来语),被认为是当时的柏拉图学院(della Mirandola and others)派的主要代表。

我的老师、哲学之父、毕达哥拉斯,绝对没有从希腊人那里,而是从犹太人那里接受到这些教义的。因此,他必须被称做是一个卡巴拉学家……,并且他自己也是第一个把卡巴拉,希腊人不知道的这个名称,翻译为希腊语的名称"哲学"。

毕达哥拉斯的哲学,源自于像无际的海洋一样博大的卡巴拉智慧。

这就是卡巴拉,它不让我们在这个世界上虚度光阴,浪费我们的生命,而是将我们的智慧提升到完全理解的最高水平。

—罗榭林,《卡巴拉艺术》

· 焦万尼·皮科·德拉·米兰多拉(1463～1494)

意大利学者和柏拉图式的哲学家,他的 *De Hominis Dignitate Oratio*《论人的尊严》,创作于1486年,是一个文艺复兴的代表作。它反映了他从其他哲学中摘取最佳要素并将它们结合到自己作品中的融汇的方法。此外,德拉·米兰多拉在阅读了卡巴拉、《圣经》和《古兰经》的原始的语言后对它们进行了研究。

这种对律法(vera illius legis interpretatio)的真正的解释,在虔诚的传统中神圣地启示给摩西的律法，称为卡巴拉(dicta Cabala est)，在希伯来语中该词就是我们的接受(receptio)的意思。

总的来讲[有]两种科学——并且都有一个名称代表它们：一种被称为是ars combinandi，它是对科学的进展的衡量……。另一种则处理更高的事物的力量，它们超越月亮，是magia naturalis大自然的最高部分。希伯来语把它们两者都称做卡巴拉Cabala……

—皮科·德拉·米兰多拉，*Conclusions*《结论》

· 帕鲁斯·瑞休斯(1470～1541)

瑞休斯，奥地利帕维亚大学的医生和哲学教授，是包括奥地利大公马克西米连一世、德国国王和神圣的罗马皇帝、以及波希米亚和匈牙利国王—费迪南德一世的私人医生和顾问。

那种能够用寓言的方式解释摩西的律法从而破解神与人类的奥秘的能力被称为卡巴拉Kabbalah。

一部经文的字面意义受到时间和空间的条件限制。而这种寓言和卡巴拉式(Allegorical和kabbalistic)的解释，它们已存在几个世纪，则可超越时间和空间，不受时空的限制。

—帕鲁斯.瑞休斯，*Introductoria Theoramata Cabalae*《卡巴拉概念介绍》

· 菲利普斯·奥里欧勒斯·帕拉切尔苏斯(1493～1541)

德国和瑞士的医生和炼金术士，帕拉切尔苏斯建立了化学在医学中的作用。他被认为是现代科学的创始人之一。

学习卡巴拉吧，它解释了一切！

—帕拉切尔苏斯，*Das Buch Paragranum*《评论书》

·克里斯汀·康拉德·斯普林格尔(1750~1816)

德国植物学家和老师,他在植物的再生产方面的研究使得他创立了一套至今还在广泛采用的肥料的总体理论。

亚当,第一人,就非常熟悉卡巴拉。他知道所有事物表征的意义,因此给所有的动物起了最合适的名字。因此希伯来语也包含所有动物的最佳名称,这些名称自己就代表了那些动物的本性。

—库尔特·斯普林格尔,*Versuch einer Pragmatischen Geschichte der Arzeikunde*

《Arzeikunde的务实历史之游》

·雷蒙杜斯·拉里斯(1235~1315)

拉里斯是一名西班牙作家和哲学家,出生于西班牙马洛卡的帕尔马一个富裕的家庭,接受过良好的教育,并成为阿拉贡国王詹姆斯二世的导师。他以阿拉伯文、拉丁语和加泰罗尼亚语写作。他写了有关炼金术和植物学的著作,*Ars Magna*《伟大之术》和*Llibre de meravelles*《奇迹之书》。

创造或语言,是卡巴拉科学的一个适合的研究对象…这就是为什么卡巴拉智慧控制着其他科学的原因变得很清楚。

像神学、哲学和数学等科学都从她那接收到了它们的原则和它们的根源。因此这些科学(scientiae)都属于这个智慧(sapientia)的分支,它们的[科学的]原则和规则也从属于她的[卡巴拉]原则和规则,因此,它们[科学]的论证模式没有她[卡巴拉]的话将是不充分的。

—雷蒙杜斯·拉里斯,Raymundi Lulli *Opera*

附录

- **佐丹奴·布鲁诺(1548～1600)**

布鲁诺，意大利著名的哲学家、天文学家、数学家和神秘主义学者，他超前于他的时代。他的理论为现代科学做好了准备。其中最著名的是他的无限宇宙的理论和世界多重性的理论，这里他拒绝传统的地心说(地球为中心)的天文学观点，并且直观地超越了哥白尼的日心说(太阳为中心)理论，他认为那个理论仍局限在一个有固定的恒星组成的有限的宇宙中。布鲁诺，或许，主要被纪念的是他在火刑柱上遭受的不幸逝世。作为一个自己的信仰的受害者，当罗马天主教和改革派的教会都重申僵硬的亚里士多德和学院派的原则为正确的时候，他坚持认为他的非正统的观点是正确的。

这个卡巴拉首先给予了最高原则一个难以表达的名称，从这个原则她又演绎出处于第2个层面的4项原则，从这4个原则的每一个分支又产生12个……这样就有了无数的种类和亚种类。在这种方式下，它们都被指定了一个专门的名称，这些名称取决于他们的语言，比如上帝、天使、原因、力量，它们都各自控制每个单独的类型。以这种方式最后会揭示出整个神圣都可以连接到同一个最初的源头，同样整个的"光"也是处于同一个根源，这个"光"原本就照耀着并且是独立存在的，而那些在无数不同镜面中破碎的镜像，正如同样多的单独的对象可以回溯到一个正式的和理想的原则中那样，它们也将回到那个产生这些形像的源头。

——佐丹奴·布鲁诺，*Le Opere Italiane*

- **戈特弗里德·威廉·莱布尼茨(1646～1716)**

莱布尼兹是德国著名的哲学家、数学家和政治顾问，作为一个形而上学的玄学家和一个逻辑学家他都举足轻重，他也以他的独立发明的微积分而闻名于世。在1661年,他作为一个法律系学生进入莱比锡大学;在那里他遇到了一些在科学与哲学界带来革命的科学家和思想家,如伽利略、培根、托马斯·霍布斯和勒内·笛卡儿等等。在1666年,他写下了 De Arte Combinatoria《组合的艺术》,在其中他奠定了现代计算机理论最初的模型。

因为人们还不具备开启那个秘密的正确的钥匙,想要了解它的那种渴望最终导致了各种虚荣和五花八门的迷信的产生,这最终发展出了各种庸俗的卡巴拉,它们与那个真正的卡巴拉相去甚远,而且它在魔法的虚假名义下演变出各种荒诞的理论,有关卡巴拉的一些著作中充斥着这些内容。

—莱布尼茨 Hauptschriften zur Grundlegung der Philosophie

· 弗里德里希·施莱格尔(1772~1829)

与歌德、席勒和诺瓦利斯同一时代的德国作家、评论家和哲学家。是印欧比较语言学和比较语文学的先驱,施莱格尔深深影响了早期的德国浪漫主义运动。他被普遍地认为是第一个在文学方面使用浪漫主义(romantisch)这一术语的人。

真正的美学是卡巴拉(引自1802年12月)

—施莱格尔,Kritische F. Schlegel-Ausgabe,出版商:Ernst Behler 35 Bde.,帕德博恩

· 约翰·沃尔夫冈·歌德(1749~1832)

约翰·沃尔夫冈·歌德被公认为德国历史上最伟大的作家。德国(第18世纪末、第19世纪初)的浪漫主义时期被称为是歌德的时代,并且歌德表现了对让·雅克·卢梭、伊马内尔·康德及法国大革命那一代的历史遗产的关注。他的地位不仅是来源于他作为抒情

诗人、小说家和剧作家所取得的文学成就，也来源于他作为一个科学家(地质学家、植物学家、解剖学家、物理学家、科学历史学家)和作为一个评论家、文学艺术理论家市场做出的重大贡献。在他生命的最后30年，他是德国最大的文化象征，成为整个欧洲和美国崇拜的一个对象。

对《圣经》的卡巴拉式的处理方式是一种《圣经》解释学，这种方式，在其独立性，奇妙的原创性，全面性以及完整性方面对《圣经》的解释方式都是令人信服的，我甚至可以用无与伦比来形容它的内容的博大精深。

—歌德，*Materialien zur Geschichte der Farbenlehre*

4
其他的卡巴拉著作

为了帮助你决定你接下来应该阅读哪本书,我们已经将一些卡巴拉书籍分为了5类——适合所有人群的著作、初级著作、中级著作、高级著作和教科书。第1类包含了适合所有人阅读的书籍,无论你是一个初学者还是一位非常精通卡巴拉的人。第2~4类是根据读者已掌握的知识水平来分类的。对初级水平的读者没有要求。中级水平要求之前已阅读一到两本初级著作;高级水平要求已阅读前两类著作各一到两本。第5类教科书——包含了一些由早期卡巴拉学家们撰写的正宗原始文献的译本,例如,阿里、耶胡达 阿斯拉格(巴拉苏拉姆)和他的儿子及继承人巴鲁克·阿斯拉格(拉巴什)。

其他还没有出版的英文译本可以在www.kabbalah.info/cn网站上找到。这个网站上的所有资源(包括已出版的书籍的电子版)都可以免费下载。

适合所有人群的著作

《危机》
Crisis, Wonder Why?

危机到底是什么?危机的背后又隐藏着什么?自然灾害真的是自然的吗?灾难是上天对人类的惩罚吗?为什么会爆发金融危机?

附录

气候和生态危机是如何造成的？为什么危机和灾难发生的越来越频繁了呢？恐怖主义的根源是什么？为什么世界从来没有真正的和平过？幸福为什么总是稍纵即逝？人类寻找的幸福在哪里？如何才能实现真正的幸福？如何才能解决危机？我们都在期待改变，真正的改变，能够带来拯救的改变是什么？如何改变？生命意义又是什么？……

本书通过几十篇对人类面临的各种危机的方方面面的现象的描述及其本质和危机的产生原因分析的文章，以及当代伟大的卡巴拉学家莱特曼博士有关危机，自然灾难，战争与和平，婚姻及幸福的几篇精彩对话所组成。

有关危机呈现的方方面面的短文是全世界卡巴拉学员从卡巴拉智慧的视角，对我们人类现实生活中面临的危机和困惑的卡巴拉式解读。内容涵盖了从金融到经济危机，从全球化到网络时代，从生态环境和气候危机到自然灾害，从个人婚姻到家庭幸福的危机，从恐怖主义到战争，从科学对世界在宏观和微观世界的探索到生命意义的追寻等等。总之，历史发展到21世纪的今天，人类从来没有像今天这样在其生活的方方面面感到如此地迷茫和困惑。人们甚至绝望到相信世界毁灭的末日就要到来。

通过阅读所有这些精彩的文章和对话，我们可以清晰地看到，剥开所有的灾难和危机的表象，引发危机的根源和那个导致危机发生的唯一的原因，将鲜活地呈现在我们眼前。你会发现，不论是什么样的危机，无论什么样的灾难，所有那些看似毫不相干、毫无关联的危机和现象，最后都浓缩并指向一个单一的原因，都是由一个共同的根源和原因引起的，而且，你会神奇地发现，所有的危机和灾难，实际上都是一种必然，并且，危机本身就是一种拯救，就是拯救的一部分，危机也是整个创造的一部分。而找到了那个造成了

所有危机的唯一的原因并了解了危机背后隐藏着的目的，也就找到了唯一的救赎，找到了生命起源和存在的奥秘，最终找到生命的意义。而且只有这时，人类真正的自由选择之点才会出现。问题是我们是否愿意选择。毁灭还是重生，拯救的钥匙就在我们自己手中，就隐藏在危机的背后，也在阅读此书给每一读者带来的思考和求索之中。

《拯救》
Kaballah on Crisis, Its Cause and Redemption

"没有问题可以在产生了它的那同一个意识层面上被解决"

——阿尔伯特·爱因斯坦

人类目前面临的所有问题和危机的根源都出在，我们对这个世界、宇宙的进化发展以及我们人类在这个进化的链条上扮演的角色，也就是对我们自己是谁以及生命的意义是什么这些问题的无知？

实际上，人类现在出现的问题是必然的也是必须要经历的，危机和灾难实际上并不是什么新的名词。人类的文明史某种意义上讲就是一部应对危机和灾难的历史。人类正是在应对危机和灾难中成长起来的。如果在历史上，无论如何我们都"成功"地应对了危机和灾难的话；那么，现在人类面临的全面危机却让全人类感到束手无策甚至开始绝望。

难道真的像爱因斯坦所讲，如果我们不超越我们自己现在所处的这个引发了这些危机的意识层面，上升到一个更高的意识层面上的话；我们面临的问题就不可能在我们现在所处的这个意识层面上得到解决吗？我们目前的处境正迫使着我们不得不认为爱因斯坦的断言是正确的。

人类几千年的文明发展，危机灾难应对的历史，已经充分证明了人类在解决人类面临的问题上的无助和无能。至今，人类已经尝试了各种主义和制度，尝试了各种手段，任其为宗教的，哲学的，科学的还是经济的手段等等，但似乎任何思想，任何主义都没有实现其初始时的美好承诺，人类不但没有真正从根本上解决任何其面临的问题，反而越加深入地陷入到了更大的危机和灾难的泥潭，以至于到了没有人会反对全球毁灭正在迫近的说法的地步。

那么，事实果真如此吗？我们看到的感知到的这么宏伟的宇宙和这么神奇的生命就是以毁灭作为其终点吗？

本书由当代最伟大的卡巴拉学家，迈克尔·莱特曼博士的两本著作和三篇演讲所组成。

第一部：《危机的历史，现在和未来》，从卡巴拉智慧的宏观视角纵览了整个创造的过程，生命的起源和进化。在对从创造者和创造物，也就是给予的愿望和接受的愿望，这两个宇宙中唯一存在的力量的演变发展过程的解读当中，你不但可以了解到创造的历史，生命的进化的脉络，你还可以看到在危机发生的背后存在着一条清晰的路线；并且会认识到危机和灾难绝不是偶然的，一切都是在创造的开始就被预定好了的。而且，所有的危机和灾难都是有目的的，它们的出现都是为了实现创造的目的。

第二部：《拯救你自己，如何在世界危机中使自己变得强大》。是莱特曼博士专门针对2008年世界金融危机后分析危机发生的原因，以及如何应对危机使自己变得真正强大的针对性著作。

第三部：由莱特曼博士在世界智慧理事会等年会上，针对危机提出的应对措施的演讲稿所组成。希望读者能够从本书中认识危机，认识危机的根源和目的，进而找到包含在危机中的拯救。

《超越世界》
Attaining the Worlds Beyond

《超越世界》的引言部分写道："……在1991年9月的犹太人除夕，我的老师感觉不舒服，他把我叫到他的床边，递给我他的一本笔记本，说道，'拿去吧，好好学习它'。第二天，我的老师就在我的怀里仙逝了，从此，我和他的众多弟子在这个世界上便失去了他的指引。"

"他曾经说过，'我想教你转向创造者，而不是我，因为他(创造者)才是唯一的力量、所有存在物的唯一源头、唯一一个可以真正帮助你的力量，并且他正在等待着你向他祈求帮助。当你在试图摆脱这个世界的束缚的过程中、在提升你自己超越这个世界的过程中、在你找寻生命意义的过程中以及在确定你生命的目的的过程中寻求帮助的时候，你必须转向创造者，他(创造者)为了迫使你转向他(创造者)而给了你所有的这些渴望。'"

《超越世界》讲的就是那个笔记本里的内容，也包含其他一些激励人的文章。这本著作适合所有那些想发现一种符合逻辑的、可靠的用来理解这个世界中的现象的方法的人来阅读。这本书生动地介绍了启迪心灵，鼓舞人心的卡巴拉智慧，使读者们到达他们灵魂的深处，找到超越世界的精神之路。

《心里之点：灵魂快乐的源泉》
The Point in the Heart: a Source of Delight for My Soul

《心里之点：灵魂快乐的源泉》一书，是从迈克尔·莱特曼博士的一些课程精选的摘要组成的一本书，迈克尔·莱特曼博士，依靠他惊人的智慧在北美和全世界范围内赢得了越来越多专注的学生。迈克尔·莱特曼博士是一位科学家、一位卡巴拉学家同时是一个以令人信服的方式呈现古老智慧的伟大的思想家。

本书以一种独特的和隐喻的语言编写而成，心里之点以真诚但耐人寻味的方式，回答了我们所有人类曾经问过的最深层的问题。当生命失去了控制，当我们需要一个独自一人去反思的时刻，这本书将帮助我们重新发现那个位于我们内部的指南针。

这本书并不是要教你卡巴拉知识，而是向你轻柔地介绍一些从这个智慧中产生的思想的火花。《心里之点》这本书是开启一种新的认知的窗口。正如作者自己在书中作见证所说的，"卡巴拉智慧是一门有关情感的科学，一门有关快乐的科学，欢迎你开启它，品尝它。"

在卡巴拉中，"心"征着我们享乐的愿望的总和。心里之点就是我们开始问自己在这个世界上我们生命的意义是什么时那个特殊的，亲密的时刻。它是当我们暂停下来并反思隐藏在我们不停在玩的那个"追逐游戏"的背后到底是什么的时刻，不是问我们是否真的需要它们，而是问为什么我们需要它们的那个时刻。用莱特曼博士自己的话讲，这就是"灵魂的开始，也是揭示爱的第一步"。

当你在黑暗中需要"光"明时，这本心里之点将成为你渡过黑暗的蜡烛。

《卡巴拉智慧指南》
A Guide to the Hidden Wisdom of Kabbalah

卡巴拉智慧指南是一本对于卡巴拉初学者来说，深入浅出，通俗易懂，轻松愉快的读物。它将深奥的卡巴拉智慧用一种清晰的方

式介绍给读者。该著作涵盖了从卡巴拉历史一直到这种智慧如何可以帮助我们解决世界危机等各个方面。

全书分三个部分：

第一部　涵盖了卡巴拉的历史、事实和有关卡巴拉的谬论，
　　　　并介绍了卡巴拉的关键概念；

第二部　说明了所有有关精神世界和其他相关的东西，
　　　　包括希伯莱字母的含义和卡巴拉音乐的力量；

第三部　介绍了如何利用卡巴拉智慧认识和应对世界危机。

我们不需要剥夺我们经过多年的努力工作而获得的并已经习惯的生活标准。实际上有一个更简单的方法，可以让人类不但可以渡过这一危机和灾难四伏的时期，而且可让人类获得我们曾经连梦想都想不到的东西，并实现生命的真正意义和目的。本书是学习卡巴拉，继而掌握宇宙存在的奥秘，实现生命的意义的必读著作。

《卡巴拉的基本概念》
Basic Concepts in Kabbalah

这本书帮助读者理解卡巴拉的一些概念、精神世界里的物体和有关精神世界的术语。通过反复地阅读这本书，读者可以在他（她）心里培养出之前并不存在的内在洞察力、感悟和理解能力。这些新获得的观察力就像一些传感器一样，可以"触及"到我们五种感官无法感知到的我们周围的空间。

因此，《卡巴拉的基本概念》这本书旨在促进对有关精神世界的一些术语的思考。一旦我们理解了这些术语，我们就可以通过我们内心的视觉来感知我们周围的精神世界的结构，如同一团迷雾消散之后一样。

这本书并不是旨在学习一些事实。相反，这本书的目标读者是那些渴望唤醒他们可以拥有的最深层次和最微妙的感知的人们。

《永远在一起》
Together Forever

　　从表面上来看，《永远在一起》描写的是一个针对孩子们的童话故事。但如同所有描写生动的关于孩子们的故事一样，它超越了年龄、文化和成长环境的界限。

　　在《永远在一起》中，作者告诉我们，如果我们是父母，并忍受着我们一生中遭遇到的考验的话，那么我们将会变得更坚强、更勇敢和更睿智。我们不会变得越来越脆弱，相反，我们将学会创造我们自己的神话和奇迹，就像一位魔术师一样。

　　在这个暖人心房的故事里，莱特曼博士与孩子和父母们分享了一些精神世界的魅力。卡巴拉智慧里包含了许多引人入胜的故事。魔术师是这种永恒的智慧的源头给予的另一份礼物，这种智慧使我们的生活更丰富、更轻松和更充实。

卡巴拉初级著作

《卡巴拉入门》
Kabbalah For Beginners

　　《卡巴拉入门》这本书适合于所有正在寻找有关生命的一些最根本的问题的答案的人去阅读。我们所有人都想知道为什么我们会在这里、为什么会有痛苦以及我们如何能够使生活变得更快乐。这

本书的四个部分准确地回答了这些问题，并清楚地阐明了卡巴拉的主旨及其实际运用。

第一部分讨论了卡巴拉智慧的发现、它的发展过程以及它最后是如何被隐藏直至现在的；第二部分介绍了卡巴拉智慧的主旨，并使用了十张简单的图画来帮助我们理解精神世界的结构和它们与我们的这个世界之间的关系；第三部分揭示了一些不为公众所知的卡巴拉概念，第四部分阐明了你和我可以运用的一些实际方法，以使我们的生活对于我们和我们的孩子而言可以变得更美好和更愉快。

《卡巴拉智慧-卡巴拉启示》
Kabbalah Revealed

这本书以其清晰易懂的写作风格帮助读者理解周围的世界。它一共包括6个章节，每个章节都阐明了卡巴拉智慧的一个不同的方面，介绍了它的教义，并列举了我们的日常生活中的很多例子来解释这些教义。

这本书的前3章解释了为什么世界正面临一场危机、我们不断增长的愿望是如何在促使我们进步的同时又造成我们的分裂的、为什么实现积极变化的最大的障碍源于我们自己的精神之中。第4章节到第6章节描述了能够产生积极变化的药方。从这些章节中，我们可以学到我们如何利用我们的精神来创造一种和所有创造物和谐共处的宁静的生活。

《伟大的智慧》
Wondrous Wisdom

这本书讲解了有关卡巴拉的一些基础知识。类似于我们在这里提到的所有书籍，《伟大的智慧》是基于由卡巴拉学家几千年来传授给学生们的正宗的教义所凝练而成的。这本书的核心是一系列揭示卡巴拉智慧的本质以及解释怎样达成它的课程。对于那些询问"我到底是谁？"和"为什么我会在这个星球上？"的人来说，这本书是必读著作之一。

《觉醒至卡巴拉》
Awakening to Kabbalah

莱特曼博士怀着敬畏之情对卡巴拉这一古代智慧进行了独有见地的介绍。在这本书中，莱特曼博士不仅提供了一种对卡巴拉的基本教义的理解，也提供了你如何使用这种智慧来阐明你与其他人和你周围的世界之间的关系的更深层次的理解。

通过使用科学语言和诗歌语言，他探究了有关精神世界和存在的最深奥的问题。这本发人深思、独特的指南将会鼓舞和激励你跳出这个世界和你日常生活的限制来发现真理，接近创造者并达到灵魂的新的高度。

《卡巴拉智慧-从混沌走向和谐》
From Chaoes to Harmony

许多研究者和科学家都认为，自我(利己主义)为什么是我们的世界现在处于危险的状态的根源。莱特曼博士的这本具有开创性意义的书，不仅解释了利己主义是整个人类历史上所有苦难的基础，

而且还提示了我们如何将我们的苦难转变为快乐的方法。

这本书清楚地分析了人类的灵魂和它的问题,并提供了一个"路标"来指示我们如果我们想再次变得快乐的话,我们需要做些什么。《从混沌走向和谐》解释了我们如何能够提升到一个个人、社会、国家和国际层次上的存在的新水平。

《解密光辉之书》
Unlocking The Zohar

《光辉之书》中包含着一种可将我们引向完美的非常特殊的力量。它具有一种使人渴望不停止地读它的魔力。对于那些真正读进去的人们,《光辉之书》就是一个生命能量和活力的源泉。拥有了它,我们就可以开始一个新的生命并与在这个世界上存在的美好与快乐相伴。

《解密光辉之书》是旨在容易为读者理解的名为《所有人的光辉之书》的系列著作的介绍性著作。为了最好地利用这一系列著作,强烈推荐首先阅读这本著作,这本书将会引领读者正确地阅读《光辉之书》,从而从中获得最大的收获。

阅读本书并不需要你有任何特别的知识。本书第一部分解释了《光辉之书》中蕴藏的智慧的本质,他被隐藏数千年的原因,以及它如何在今天可以使我们受益;第二部分介绍了我们感知现实的方式和创造的蓝图,以及最终我们如何能够通过解密《光辉之书》一起解开创造的秘密。

本书第三部分特别地从《所有人的光辉之书》中节选了一些精彩的篇章。在你阅读完本著作之后,你将会感觉到《光辉之书》的力量并且享受它的收益。

卡巴拉中级著作

《卡巴拉经验》
Kabbalah Experience

由这本书中的问题和答案所揭示的卡巴拉智慧的深奥程度将会激励读者去反思和沉思。这不是一本只需匆匆阅过的书,而是一本值得反复推敲和仔细阅读的书。这样,读者将会体验到一种不断增长的受到启发的感觉,同时很容易地掌握那些每个卡巴拉学习者在学习卡巴拉的过程中都会问到的问题的答案。

《卡巴拉经验》是一本关于人类从过去走向未来的指南,揭示了所有卡巴拉学习者在他们的卡巴拉之旅中的某些时候将会经历的处境。对于那些珍惜生命中的每一刻的人来说,这本书提供了一种对永恒的卡巴拉智慧的独特的理解。

《卡巴拉路径》
The Path of Kabbalah

这本书很独特地将卡巴拉初级著作与更高深的概念和教义结合了起来。如果你已经阅读了一到两本莱特曼博士撰写的书籍的话,那么你会发现这本书很容易读懂。

《卡巴拉路径》这本书不仅提及了一些基本概念,例如,对现实的感知和自由选择;而且还不断深入和扩大了卡巴拉初级著作的范围,例如,这本书比那些"纯粹的"初学者阅读的书籍更加详细地解释了世界的结构;这本书也描述了世俗物质世界的精神根源,例如,希伯来日历和节日等。

卡巴拉高级著作

《卡巴拉智慧导引》
The Science of Kabbalah, The Preface to the Wosdom of Kabbalah

迈克尔·莱特曼博士既是一位卡巴拉学家也是一位科学家,他撰写这本书是为了向读者介绍正宗的卡巴拉智慧的独特的语言和术语。莱特曼博士在这本书中以一种理性和谨慎的方式揭示了正宗的卡巴拉。读者们可以逐渐地理解宇宙和存在于宇宙中的生命的逻辑设计。

《卡巴拉智慧导引》是一本在清楚的解析和深度上都无与伦比的具有开创性意义的著作,它吸引了许多智者,并使读者们能够理解巴拉苏拉姆(耶胡达·阿斯拉格)的更多的学术著作,例如,《对10个Sefirot的研究》The Study of the Ten Sefirot和《光辉之书》The Book of Zohar。读者在这本书中将享受到一些只有正宗的卡巴拉才可以回答的有关生命的谜团的满意的答案。你可以一边阅读这本书,一边为到达更高的世界的奇妙之旅作准备。

《光辉之书导引》
The Science of Kabbalah, Introduction to the Book of Zohar

对于那些想理解《光辉之书》中隐藏的信息的人来说,这本书和《卡巴拉智慧导引》是必读的。这本书中涉及到的许多有用的主题介绍了"根源和分枝语言",如果没有这种"根源和分枝语言"的话,那么在《光辉之书》中描述的故事将仅仅是一些寓言和传奇。《光辉之书导引》将为读者们提供理解正宗的卡巴拉智慧的一些必备的工具,以使他们到达更高的世界。

《光辉之书：对阿斯拉格注释的解读》
The Zohar, Annotations to the Ashlag Commentary

《光辉之书》是卡巴拉智慧的一个永恒的源泉和所有卡巴拉文献的依据。自从它在大约2000年前出现以来，它就一直是卡巴拉学家们使用的主要文献资料，通常也是唯一的文献资料。

数百年来，卡巴拉都被隐藏了起来，不为大众所知，因为人们适合学习它的时机还不成熟，还不适合学习它。然而，我们这一代人被卡巴拉学家们指定为可以理解《光辉之书》中的概念的第一代人。现在我们可以将这些概念运用于我们的生活中，而且必须开始实施卡巴拉智慧，否则人类将陷入越来越深重的灾难和困苦之中。

通过一种独特和运用暗喻的语言，《光辉之书》加深了我们对现实的理解并拓宽了我们的世界观。虽然这本书只涉及了一个主题—如何和创造者取得联系，但它从不同的角度阐明了这一主题。这使得我们每个人都可以发现某个将使我们理解这种深奥和永恒的智慧的特定的词组和单词。

教科书

《我听说的》
Shamati

迈克尔·莱特曼博士在这本书中写道,在我的老师巴鲁克·阿斯拉格(拉巴什)使用的所有文献和笔记中,他总是带一个特殊的笔记本。这个笔记本里记录了他和他父亲之间的一些对话,他的父亲是耶胡达·阿斯拉格(巴拉苏拉姆),即对《光辉之书》的《苏拉姆(阶梯)的注释》、《对10个Sefirot的研究》The Study of the Ten Sefirot(对卡巴拉学家阿里的著作的注释)和许多其他卡巴拉著作的作者。

在1991年9月的犹太人除夕,拉巴什感觉到不舒服,他把我叫到他的床边,递给这个笔记本,这个笔记本的封面只有一个单词,即Shamati(即"我听说"的意思)。当他把这个笔记本递给我的时候,他说道,"拿去吧,好好学习它。"第二天,我的老师就在我的怀里仙逝了。从此,我和他的众多弟子在这个世界上便失去了他的指引。

为了实现拉巴什的遗言—传播卡巴拉智慧,迈克尔·莱特曼博士按其原样出版了这个笔记本,保留了这个笔记本的神奇的转变力量。在所有卡巴拉书籍中,《我听说的》是一本最独特和最富有吸引力的著作。

《卡巴拉学生用书》
Kabbalah For The Student

　　《卡巴拉学生用书》中包含了由耶胡达·阿斯拉格、他的儿子及继承人巴鲁克　阿斯拉格和其他一些伟大的卡巴拉学家所撰写的正宗的卡巴拉文献，内容博大精深，耶胡达·阿斯拉格是对《光辉之书》做出《苏拉姆(阶梯)注释》的作者。这本书中包含了一些准确地描绘卡巴拉学家们所经历的更高的世界的发展过程的图解，也包含了一些导引性的文章，以帮助我们真正理解卡巴拉的最主要著作-《光辉之书》。

　　在《卡巴拉学生用书》中，莱特曼博士收集了卡巴拉学习者为到达精神世界所需要阅读的所有文献，莱特曼博士是巴鲁克·阿斯拉格的首席弟子和个人助理。在他的每日课程中，莱特曼博士通过教授这些鼓舞人心的文献来指引全世界的学生们学习卡巴拉，以帮助初学者和高级学员更好地理解在到达更高的世界的精神之旅中，我们要走的精神道路。这是真正学习卡巴拉智慧的必读著作。

《拉巴什，有关社会的文献》
Kabbalah For The Student

巴鲁克·阿斯拉格导师(拉巴什)在卡巴拉的历史上扮演了一个非常显著的角色，他为卡巴拉智慧和我们人类的经验之间架设了最后的桥梁。由于他的特殊的品格，他可以将自己完全隐藏在他的父亲和老师，伟大的卡巴拉学家，耶胡达 阿斯拉格导师(人称巴拉苏拉姆)的光环之中。

然而，如果没有拉巴什的著作，他父亲想要向全世界揭示卡巴拉智慧的所有努力也将会无功而返。没有他的著作，巴拉苏拉姆如此想要我们达成精神世界的努力将不会实现。

在他的日常生活中，拉巴什是谦卑和自制的人生典范。虽然如此，他的著作却充满了对人的本性的深刻洞见。那些初看起来似乎很平常的语言实际上却是通向人们心灵的最深处的精确的情绪通道。他的著作向我们显示在哪些关键的转折点上我们必须架设我们的阶梯并开始攀登。在精神达成的旅程中，他会用其惊人的敏感度，一路陪伴我们度过那些我们将要遭遇的艰难和困惑。他的话语能够使读者和他们自己的本性达成条件，将恐惧和愤怒最快地转化为自由，喜悦和信心。

没有他的著作，特别是那些有关一个人在团队中的角色的著作，我们将永远不会从一个普通的卡巴拉热爱者变成一个真正的卡巴拉学家。拉巴什是迄今为止唯一一位为这个世界中的任何一个人提供了一套清晰有效的方法，使得人们可以从他们的心里之点觉醒的那一刻开始，直到他们通过在团队中的工作实现他们的精神目标。

这本书里收集的著作，不应只是简单地用于阅读，它更应该是一本实用的精神指南。

Bnei Baruch国际卡巴拉教育和研究中心

Bnei Baruch是一支成立于以色列的卡巴拉学习团队，它与整个世界共同分享卡巴拉智慧。超过30种语言的学习材料是基于数千年世代相传的正宗的卡巴拉文献著作。

·历史和起源

迈克尔·莱特曼是本体论和知识理论的教授，拥有哲学和卡巴拉的博士学位以及医学生物控制论的硕士学位，在1991年，当他的老师巴鲁克·阿斯拉格(拉巴什)去世后，莱特曼博士创立了Bnei Baruch卡巴拉学习团队。他将其命名为Bnei Baruch(即"巴鲁克之子"的意思)是为了纪念他的老师。莱特曼博士在他老师生命的最后十二年里(即1979～1991年)从未离开过他的身边。莱特曼博士是巴鲁克·阿斯拉格的首席徒弟和个人助理，并被公认为真正卡巴拉智慧的教学方法的继承人。

拉巴什是二十世纪最伟大的卡巴拉学家—耶胡达·阿斯拉格的长子和继承人。耶胡达·阿斯拉格是《光辉之书》最权威和全面的注释—《苏拉姆注释》(即"阶梯的注释"的意思)的作者。他是第一位揭示完整的精神提升的方法的卡巴拉学家，并被称为巴拉苏拉姆(即"阶梯的主人"的意思)。

现在，Bnei Baruch国际卡巴拉教育和研究中心的所有学习方法

都基于这两位伟大的精神导师铺设的道路之上。

·学习方法

Bnei Baruch每天传授并应用巴拉苏拉姆和他的儿子拉巴什发展出来的独特的学习方法。这种方法依据正宗的卡巴拉资源,例如,西蒙·巴尔·约海所著的《光辉之书》、阿里所著的《生命之树》以及巴拉苏拉姆所著的《对10个Sefirot的研究》*The Study of the Ten Sefirot*。

学习卡巴拉不仅需要正宗的卡巴拉资源,而且还需要简单易懂的语言和一种科学、现代的学习方法。这种学习方法得到了不断地发展,并使Bnei Baruch成为以色列和整个世界的国际公认的教育机构。

这种学习方法独特地将学术研究方法和个人经历结合在了一起,拓展了学生们的视野,并使他们获得了对他们生活着的现实的一种全新的感知。这样,那些走在精神之路上的学生便获得了研究他们自身和他们周围的现实的必备工具。

·信息

Bnei Baruch是由全球成千上万学员组成的进行多种传播活动的一个机构。每个学员根据自己的个人条件和能力选择自己的学习途径和强度。Bnei Baruch传播的信息的本质很广泛,即团结人民、团结各民族和爱每一个人。

几千年来,卡巴拉学家们一直都在教授人们之间的爱是所有人类关系的基础。这种爱在亚伯拉罕、摩西和他们成立卡巴拉学习团队的那个时代得到了广泛的传播。如果我们吸收了这些古老但又现代的价值观的话,那么,我们将会发现我们拥有了能忽略我们之间的不同而团结在一起的力量。

隐藏了数千年的卡巴拉智慧如今已浮现出来，它一直在等待一个我们人类已经充分发展并准备好执行它的信息的时机。现在，它成为了一种可以团结世界各民族的方法，并使我们所有人能够迎接目前的挑战，无论是个人还是社会。

·活动

创立Bnei Baruch的前提是"只有通过广泛地向公众传播卡巴拉智慧，我们才能够得到完全的救赎"（出自巴拉苏哈姆）。

因此，Bnei Baruch向人们提供了各种各样的方法，以使他们探索和发现他们生命的意义，并为初学者和高级学员提供精心的指导。

·卡巴拉电视

Bnei Baruch成立了一家阿斯拉个研究中心电影制作公司(ARI Films)(www.arifilms.tv)，这家电影公司主要致力于制作多种语言的和全世界范围内的卡巴拉教育电视节目。

Bnei Baruch在以色列拥有自己的电视台，通过有线电视和卫星24/7播出。这些电视节目也在www.kab.tv上播出。而且，这个电视频道上的所有电视节目都是免费的。这些电视节目适合所有学员，包括初学者和最高级学员。

此外，阿里电影制作公司也制作卡巴拉教育故事片和纪录片。

·互联网网站

Bnei Baruch的国际网站(www.kab.info)上有正宗的卡巴拉智慧的一些资源，包括文章、书籍和原始文献。它是网络上至今为止最大的一个正宗卡巴拉资源库，并向读者提供了一个独一无二的、涵

盖面极广的图书馆，以便读者们充分地探索卡巴拉智慧。此外，卡巴拉媒体文档(www.kabbalahmedia.info)上包含有五千多个媒体资料、可下载书籍和大量的多语种文献、视频和音频文件。

Bnei Baruch在线学习中心为初学者提供了独特、免费的卡巴拉课程，引导学生在他们舒适的家中学习深奥的卡巴拉智慧。

莱特曼博士的每日课程也在www.kab.tv上直播，并附有补充性的文本和图表。

以上所有资源都是免费提供的。

·报纸

《今日卡巴拉》是由Bnei Baruch每月免费发行的一种报纸，它有4种语言版本，包括英语、希伯来语、西班牙语和俄语。其风格简单易懂和富有现代感，内容与政治、商业无关。《今日卡巴拉》的目的是为了以一种简单易懂、生动的样式和风格向世界各地的读者们免费揭示卡巴拉智慧中隐藏着的大量知识。

《今日卡巴拉》目前在美国的每个主要城市、加拿大的多伦多、英国的伦敦和澳大利亚的悉尼免费发行。它以英语、希伯来语和俄语印刷，并且在www.kabtoday.com上也可阅读。

此外，订阅者只需支付邮费便可阅读到该报纸的纸质版。

·卡巴拉书籍

Bnei Baruch出版正宗的由耶胡达·阿斯拉格(巴拉苏拉姆)、他的儿子巴鲁克·阿斯拉格(拉巴什)和迈克尔·莱特曼撰写的书籍。耶胡达·阿斯拉格和拉巴什的著作对充分理解正宗的卡巴拉教义至关重要，莱特曼博士在他的每日课程中解释这些正宗的卡巴拉教义。

莱特曼博士基于巴拉苏拉姆提出的一些核心概念，以一种简单易懂、现代的风格来撰写他的著作。这些著作是现在的读者和原始文本之间的一条重要的纽带。所有这些书籍都有销售，也可以在网上免费下载。

· **卡巴拉课程**

正如卡巴拉学家们多少世纪以来一直所做的那样，迈克尔·莱特曼博士每天凌晨三点至六点(北京时间是上午9点至12点)在以色列的Bnei Baruch国际卡巴拉教育和研究中心讲课。莱特曼博士用希伯来语讲课，现在这些课程被每天同步翻译为七种语言：英语、俄语、西班牙语、法语、德语、意大利语和土耳其语。正如其他所有活动一样，这些直播节目也是免费提供给全球数百万学生的。

· **经费**

Bnei Baruch国际卡巴拉教育和研究中心是一个教授和分享卡巴拉智慧的非赢利性机构。为了保持其独立性和意图的纯洁性，Bnei Baruch不接受任何政府或政治组织的支持和资助，也同它们没有任何联系。

由于其大部分活动都是免费提供的，团队活动经费的主要来源是捐款和什一税——学生在其自愿的基础上的奉献——和以成本价出售的迈克尔·莱特曼博士的书籍的所得。

如何联系我们

网站Internet:
www.kabbalah.info/cn

卡巴拉电视Kabbalah TV:
www.kab.tv

网上书店Bookstore:
www.kabbalahbooks.info

学习中心Learning Center:
www.arionline.info

电邮E-mail:
chinese@kabbalah.info
info@kabbalah.info

Bnei Baruch Association
PO BOX 3228
Petach Tikva 49513
Israel

Kabbalah Books
1057 Steeles Avenue West, Suite 532
Toronto, ON, M2R 3X1
Canada
E-mail: info@kabbalahbooks.info
Web site: www.kabbalahbooks.info
USA and Canada:
Tel: 1 416 274 7287
Fax: 1 905 886 9697

www.ingramcontent.com/pod-product-compliance
Lightning Source LLC
Chambersburg PA
CBHW071231080526
44587CB00013BA/1560